Adrien Launay

(Consulter la Cochinchine)

Nº 186
1889

6806

Les Missionnaires français au Tonkin

LES

MISSIONNAIRES FRANÇAIS AU TONKIN

OUVRAGES DU MÊME AUTEUR

Histoire ancienne et moderne de l'Annam. 1 vol. in-8°.
La Société des Missions-Etrangères pendant la guerre du Tonkin. Brochure in-8° (*Epuisé*).
Nos Missionnaires. Précédé d'une étude sur la Société des Missions-Etrangères, 1 vol. in-12.
Le Séminaire des Missions-Etrangères pendant la Révolution. Brochure grand in-8° (*Epuisé*).
Atlas des Missions de la Société des Missions-Etrangères. 27 cartes in-folio, en 4 couleurs, avec 27 notices historiques et géographiques.
Les cinquante-deux Vénérables serviteurs de Dieu, mis à mort en haine de la foi dans les missions de Cochinchine, Tonkin, Su-tchuen Koui-tcheou, Kouang-si, d'après les procès apostoliques, 2 vol. in-8°, 27 gravures.
Grande édition illustrée. 1 vol. in-4°.
Histoire générale de la Société des Missions-Etrangères, depuis sa fondation (1658) jusqu'à nos jours. 3 vol. in-8°.
(Ouvrage couronné par l'Académie des sciences morales et politiques.)
Mgr Retord et le Tonkin catholique, 1 vol. in-8° illustré.
Mgr Verrolles et la mission de Mandchourie, 1 vol. in-8° illustré.
Les Missionnaires français en Corée, 1 vol. in-12 illustré.
Siam et les Missionnaires français, 1 vol. in-8° illustré.
Histoire des Missions de l'Inde, Pondichéry, Maïssour, Coïmbatour, 5 vol. grand in-8° illustrations et cartes.
(Ouvrage couronné par l'Académie française.)
La Salle des Martyrs du Séminaire des Missions-Etrangères. 1 vol. in-12.

***

Carte des Missions catholiques dans l'Indo-Chine française, Grand aigle.
Carte des Missions catholiques en Chine, Grand aigle.
Carte des Missions catholiques au Japon, Grand aigle.

***

La Mission de Birmanie, par Mgr Bigandet. Traduit de l'anglais par Adr. Launay, 1 vol. in-8° illustré.

LES MISSIONNAIRES FRANÇAIS AU TONKIN

PAR

ADRIEN LAUNAY

De la Société des Missions-Étrangères,
Lauréat de l'Académie Française et de l'Académie des sciences morales et politiques.

LIBRAIRIE DELHOMME ET BRIGUET
J. BRIGUET, ÉDITEUR

PARIS | LYON
83, rue de Rennes | 3, avenue de l'Archevêché

1900

INTRODUCTION

Le Tonkin est aujourd'hui une terre française, il a été payé très cher par notre or et par le sang de nos soldats ; mais avant qu'il ne s'inclinât devant le drapeau tricolore, il connaissait déjà le nom de notre pays.

Depuis près de deux cents ans des prêtres avaient quitté le sol de notre vieille France, pour aller lui porter les paroles de la Bonne Nouvelle. Les uns étaient morts au hasard de leur vie apostolique, couchés sur les bords des chemins comme des voyageurs épuisés par la fatigue, et leur dépouille repose dans un coin perdu de ce monde extrême oriental; les autres avaient été arrêtés parce qu'ils étaient des apôtres et des étrangers, ils avaient été jetés en prison, frappés de verges, condamnés à être étranglés ou décapités, et leur nom rayonne glorieux dans la liste des héroïques et des saints.

Il s'est trouvé des écrivains pour raconter les faits d'armes de nos soldats, je viens essayer de redire quelques-uns des actes de courage et de dévouement de nos missionnaires ; c'est une grande page de l'histoire de la France et de l'Église qui, là-bas, s'est écrite au milieu des tempêtes religieuses et politiques, elle mérite de ne pas être oubliée. En l'étudiant, rêvant d'être utile au Tonkin, j'ai parfois murmuré comme Théophane Vénard, le plus sympathique et le plus célèbre des martyrs français d'Annam :

> Noble Tonkin ! Terre par Dieu bénie,
> Des héros de la Foi glorieuse patrie,
> Je viens aussi pour te servir,
> Heureux pour toi de vivre et de mourir !

Je n'aurais pas dû achever, mourir comme Théophane Vénard, serait trop beau pour moi....

A. L.

LES
MISSIONNAIRES FRANÇAIS AU TONKIN

CHAPITRE PREMIER

LES PREMIÈRES ANNÉES DE L'ÉVANGÉLISATION

Un historien de nos jours, M. Romanet du Caillaud, a fait remonter la prédication chrétienne au Tonkin à 1582, et les premières tentatives, disons les premiers désirs, à 1572. Il a exposé cette question historique à l'Académie des inscriptions et belles-lettres, dans un Mémoire qui a dû fort intéresser et peut-être légèrement étonner la docte assemblée, ordinairement plus occupée de Rome et d'Athènes; il livrera bientôt ce travail au public. Nous ne voulons pas déflorer le résultat de ses recherches en les analysant; nous nous contenterons donc de le signaler et d'indiquer en 1626 l'arrivée du Père Julien Baldinotti, un religieux de la Compagnie de Jésus qui, d'ailleurs, était de nationalité italienne.

Tandis que les marchands portugais, qui l'avaient transporté sur leur navire, trafiquaient avec des indigènes, il se fit présenter au Roi et lui offrit des présents, qui furent bien reçus. Il trouva le pays beau, la population intelligente et douce; mais il ignorait la langue et ne put annoncer immédiatement l'Evangile. Cependant, il réussit à baptiser quatre enfants en danger de mort.

Sur les instances du P. Baldinotti, la Compagnie de Jésus envoya au Tonkin les PP. de Rhodes et Marquès. Le premier était Français et son nom est resté célèbre dans les annales des missions; il a écrit une intéressante relation de son voyage, plusieurs fois publiée. Le style en est facile, agréable, et le récit agrémenté d'anecdotes bien contées qui le relèvent.

Débarqués à Cua-bang, au sud de la mission actuelle du Tonkin occidental, les apôtres et les matelots de leur navire furent bientôt entourés d'une foule curieuse, impatiente de voir les marchandises d'Occident.

Missionnaire pendant plusieurs années en Cochinchine avant d'aller au Tonkin, rompu, par conséquent, au langage annamite, qu'il compare au gazouillement des oiseaux, le P. de Rhodes s'adressa à la foule.

« Je commençais aussitôt, dit-il, à leur débiter que j'avais une marchandise plus précieuse et à meilleur marché que toutes les autres, que je la donnais pour rien à qui la voudrait, que c'était la vraie loi et le vrai chemin du bonheur; je leur fis sur cela un petit sermon, parce que le mot *dang* signifie, en leur langue, et loi et chemin. Dieu voulut qu'en ce premier coup de filet, avant que nous eussions mis pied à terre, deux personnes fort sages furent prises et résolurent de recevoir le baptême, que je leur donnai après et à toute leur famille. »

Conduit à la cour, le missionnaire offrit au roi une horloge à roue, un sablier et un livre d'astronomie.

L'horloge et le sablier parurent au monarque de jolis instruments; mais il ne savait qu'en faire et pria le P. de Rhodes de lui apprendre à s'en servir. Celui-ci monta l'horloge et fit sonner les heures; en même temps il tourna le sablier et dit au roi que l'horloge recommencerait à sonner aussitôt que tout le sable aurait coulé. Cette promesse parut bien hardie; les plus savants la jugèrent présomptueuse. En dépit de ces pronostics, elle se réalisa ; alors, dans un élan d'enthousiasme, l'assemblée salua comme un grand homme l'importateur d'objets si merveilleux.

Aussi charmé que ses courtisans, le roi demanda au missionnaire de rester deux ans avec lui.

« — Non pas deux ans, répondit le P. de Rhodes, mais toute ma vie, Sire, je me tiendrai heureux de servir un si grand prince. »

C'était un bon début, la suite fut meilleure encore ; le roi ordonna de construire dans la capitale une église et un presbytère et la foule accourut aux prédications du savant étranger.

Une sœur du souverain et dix-sept de ses proches parents furent baptisés, des mandarins firent de même et beaucoup de soldats les imitèrent. La première année, le nombre des baptisés fut de douze cents ; l'année suivante, on en compta deux mille et la troisième trois mille cinq cents. Plusieurs prêtres des idoles embrassèrent le christianisme.

Le zèle et la vertu des néophytes étaient admirables.

« Je puis dire avec vérité, s'écrie le P. de Rhodes, que rien ne m'a touché le cœur si sensiblement que de voir qu'il y a dans ce royaume quasi autant d'anges qu'il y a de chrétiens, et que la grâce du baptême leur inspire à tous ce même esprit qui a paru dans les apôtres et dans les martyrs de la primitive Eglise. »

***

Souvent les missionnaires du xviie siècle parlent en ces termes de leurs néophytes, ceux du xviiie siècle les louent un peu moins et ceux du xixe moins encore. Les fidèles étaient-ils donc meilleurs ou les missionnaires plus indulgents ? Nous posons la question sans la résoudre, craignant de chagriner ceux qui préfèrent le passé au présent, ou de paraître tomber dans l'erreur aux yeux de nos contemporains, persuadés que le progrès moral marche de concert avec le progrès matériel. Quoi qu'il en soit, d'ailleurs, les chrétiens tonkinois sont excellents, ils comprennent les splendeurs du catholicisme, ils en pratiquent les vertus les plus délicates et les plus héroïques, et, plus d'une fois, dans les pages qui vont suivre, nous aurons à raconter la beauté de leur vie et la vaillance de leur mort.

Le roi laissa la liberté aux prédicateurs de l'Evangile et à leurs adeptes sans songer à suivre l'exemple de ses parents et de ses amis. On a dit, avec quelque apparence de raison, que la politique entrait pour beaucoup dans sa tolérance ou son indifférence. Il espérait obtenir par le crédit des missionnaires le secours des Portugais contre les Cochinchinois, ces frères tantôt ennemis tantôt amis, qui, à cette époque, attaquaient les frontières du Tonkin.

Il n'obtint rien, ne fut pas satisfait, ce qui est assez ordinaire en pareille circonstance ; bientôt même, un incident augmenta son mécontentement qui, très injustement, se tourna contre les apôtres.

Les Cochinchinois s'avisèrent de donner des uniformes portugais à la première ligne de leurs troupes. Ce stratagème eut un plein succès, et les Tonkinois, croyant voir des soldats européens, tournèrent le dos au plus vite. Les Cochinchinois, au contraire, furent très braves, preuve que l'habit fait parfois le soldat. Le roi du Tonkin, persuadé que son armée avait fui devant de vraies troupes portugaises, montra contre les missionnaires une irritation que les mandarins fidèles au paganisme exploitèrent promptement. Un édit, daté des premiers jours de 1630, ordonna au P. de Rhodes et à son compagnon de quitter le pays.

Après une semi-incarcération qui obligeait les missionnaires à respecter la porte de leur prison et leur permettait de passer par les fenêtres pour aller administrer les sacrements aux fidèles, il fallut partir. Agenouillés sur le rivage, les chrétiens en pleurs saluèrent une dernière fois leurs pères spirituels, le navire s'éloigna et le Tonkin resta sans pasteurs.

C'est à cette époque, ou quelques mois avant, que les annalistes de la mission placent la mort du premier martyr tonkinois. Nous la raconterons avec la joie qu'on éprouve à cueillir la première fleur d'un jardin nouvellement cultivé.

* *

C'était un jeune homme nommé François, s'adonnant depuis son baptême aux œuvres de charité et de miséricorde : on rapporte qu'il ensevelissait les morts et souvent les portait sur ses épaules jusqu'à leur tombe. Son maître, un des frères du roi, l'apprit :

« — Comment, lui dit-il avec colère, de ces mains que tu souilles sans cesse par le contact des morts, tu oses toucher ensuite les objets à mon usage et ma propre personne? Je ne le souffrirai pas et je veux qu'à l'instant tu renonces à un si vil métier et à la religion qui te l'a inspiré.

» — Oui, prince, repartit François avec douceur, oui, je suis chrétien, et ma religion promet le ciel à la pratique des bonnes œuvres. Rien au monde n'aura donc la force de me faire abjurer ma croyance. Quant au service de votre personne, je n'y pourrais manquer sans compromettre mon salut éternel ; comptez donc sur ma fidélité. Mais ne trouvez pas mauvais, je vous prie, que je consacre à mon Dieu et à mes frères le temps que me laissent mes emplois près de vous. »

Pour toute réponse, le prince le chassa de sa maison et, quelque temps après, ayant appris qu'il continuait les pratiques de sa charité, il le somma d'abjurer :

« — Jamais, prince, jamais je ne me souillerai d'une telle infamie, dussé-je endurer mille morts !

» — Qu'on l'emmène, dit le prince furieux, et qu'on le frappe de verges ; qu'on le torture ! »

L'ordre fut exécuté ; mais le vaillant jeune homme subit le supplice sans faiblir, protestant toujours de sa foi en Jésus-Christ. Enfin l'arrêt de mort fut porté et le bourreau trancha la tête du chrétien que tant d'autres devaient suivre sur la route sanglante et glorieuse du martyre.

.*.

Les années suivantes furent marquées de joies et de tristesses : c'est le propre de toute existence humaine. Mais, dans les vies apostoliques, les joies et les tristesses ont une intensité plus grande, parce qu'elles viennent d'un motif plus élevé et qu'elles frappent la fibre la plus intime et la plus délicate du cœur, celle qui vibre d'amour pour les âmes et pour Dieu. Ainsi les annales du Tonkin racontent qu'après l'arrivée des nouveaux missionnaires, des milliers de conversions récompensèrent le zèle des apôtres; ce sont les joies les plus grandes.

.*.

Parmi les faits les plus saillants que nous connaissons datant de cette époque déjà lointaine, nous citerons celui-ci tout embelli de douce piété et de merveilleux, comme les histoires que le moyen-âge nous a léguées :

« Un jeune homme, nommé Yves, ayant été victime d'un grave accident, resta de longues heures sans donner signe de vie ; déjà même on préparait les funérailles, quand Yves, recouvrant l'usage de ses sens, se relève subitement. Ceux qui l'entourent sont saisis d'effroi ; ils prennent la fuite en poussant des cris. Yves les rappelle, les rassure et leur raconte que, pendant qu'ils l'avaient cru mort, six jeunes gens, d'une ravissante beauté, étaient venus le prendre pour le conduire dans un pays délicieux.

» Là, dit-il, sur un trône d'or, se tenait un Roi vénérable d'une majesté sans égale. Deux autres Rois étaient assis sur des trônes aussi élevés que le premier, environnés d'un même éclat. Au-dessous de ces augustes personnages, qui, comme me l'ont dit mes guides, représentaient les trois personnes de la Sainte Trinité, j'ai reconnu plusieurs saints de notre nation, assis en demi-cercle sur des sièges du cristal le plus pur. Ils m'invitèrent à prendre place parmi eux, et bien volontiers j'allais le faire, quand mes conducteurs, m'arrachant de ce beau pays, me firent descendre dans une grotte obscure. Là, d'un côté était un gouffre rempli de feu ; de l'autre, un étang hérissé de glaçons ; plusieurs personnes qui m'étaient inconnues y enduraient de cruels tourments. Mes guides ensuite m'ordonnèrent de revenir sur la terre pour raconter ce que j'avais vu à ceux que je connaissais et pour prendre soin de mes vieux parents, auxquels il ne reste plus de vie que jusqu'à la nouvelle lune. Ils m'ont donné l'assurance que, lorsque j'aurais rendu les derniers devoirs aux auteurs de mes jours, ils me viendraient chercher, pour me conduire au séjour délicieux qu'ils m'avaient montré. »

» Ce récit laissa dans l'âme des auditeurs de profonds sentiments d'espérance et de sainte frayeur. Deux mois après, les parents d'Yves étant morts, il les ensevelit, et se mettant sur sa couche, il recommanda à sa femme la piété envers Dieu et la constance dans la foi ; puis, posant la tête sur le chevet de son lit, comme pour dormir, il expira sans fièvre et sans maladie, et passa doucement au séjour des bienheureux.

CHAPITRE II

LA SOCIÉTÉ DES MISSIONS-ÉTRANGÈRES AU TONKIN

Pendant que les apôtres et les chrétiens du Tonkin passaient par les épreuves et les joies qui marquent toute vie humaine, une nouvelle Société exclusivement composée de prêtres français, se fondait à Paris de 1658 à 1663, avec le but de créer un clergé indigène, d'établir des Églises en Extrême-Orient sur le modèle des Églises d'Occident, et de ne s'attacher à aucune autre œuvre, en dehors de l'évangélisation des infidèles; c'était la Société des Missions-Étrangères. Ses deux premiers évêques et principaux fondateurs, Mgr Pallu et Mgr de la Motte-Lambert, avaient été envoyés en Asie avec le titre de vicaire apostolique, par le Souverain Pontife Alexandre VII.

Spécialement chargé du Tonkin, mais retenu à Siam, à Rome ou en France par les plus graves affaires des missions et de la nouvelle Société, Mgr Pallu dirigea vers le Tonkin un de ses prêtres, M. François Deydier, né à Toulon en 1634. Celui-ci débarqua sur le sol annamite en 1666.

Petit, maigre, de manières aisées, avec un regard de flamme et un tempérament hardi, il avait toutes les vigueurs physiques et morales: à quinze ans, il maniait le fleuret comme un maître d'armes et le gouvernail d'un bateau comme un pilote; doué d'un esprit vif, d'un jugement sûr, d'une raison sévère qui comprimait l'exubérance de sa riche nature et la rendait plus résistante en la condensant, il était fait pour la difficile mission qui lui incombait. Caché à Héan, dans la maison d'un chrétien nommé Raphaël, il adressa aux fidèles une lettre pour les informer de son arrivée et invita les catéchistes à venir le voir. Les sept plus anciens parmi ces derniers répondirent à son appel.

Il leur lut ses lettres patentes de grand vicaire de Mgr Pallu et les lettres de Mgr de la Motte-Lambert, qui les invitait à se rendre au Séminaire de Siam, où il leur conférerait les saints Ordres et les renverrait dans leur pays pour devenir les Pères spirituels de l'Eglise qui les avait enfantés à Jésus-Christ.

Ces conseils furent acceptés avec joie, et vingt autres catéchistes se joignirent aux premiers. Afin d'affermir leurs bonnes dispositions, le missionnaire leur prêcha une retraite, dans des conditions dont le pittoresque et la pauvreté rehaussaient la piété.

.·.

La difficulté de trouver un lieu d'assemblée, où l'on pût se dérober aux recherches des officiers du roi, fit souvenir M. Deydier que Jésus-Christ avait souvent prêché et instruit ses disciples dans la barque de saint Pierre et dans celles de ses autres apôtres. Cette pensée le détermina à donner rendez-vous, le 11 octobre, aux catéchistes dans la jonque qui les avait amenés et qui leur appartenait. Tous s'y rendirent au jour assigné. Les exercices de piété commencèrent par la célébration de la messe, qui fut suivie d'une exhortation sur ces paroles de l'évangile : *Pacem relinquo vobis*, je vous laisse la paix.

Ensuite, chaque jour, M. Deydier leur fit des instructions sur la manière d'annoncer l'évangile aux païens, d'enseigner la jeunesse, de conférer le baptême, de ramener les apostats, de retenir les fidèles dans la voie de la vertu. De peur que ces avis si nécessaires ne vinssent à s'effacer de la mémoire des catéchistes, il leur en remit un court abrégé pour tenir lieu de constitution, leur apprendre à vivre saintement, à exercer leur ministère selon les lois et l'esprit de l'Église, et leur ordonna d'en prendre copie.

De leur côté, les catéchistes rendirent compte de leurs travaux et de l'état du catholicisme dans le royaume.

Depuis le bannissement des Jésuites, ils avaient baptisé cinq mille cinq cents personnes ; il était échappé à la fureur des païens seulement soixante-dix églises ou salles d'assemblée publique, et deux cents oratoires chez divers particuliers ; le nombre des chrétiens s'élevait, selon eux, de trente à trente-cinq mille, parmi lesquels on en voyait un certain nombre qui par la crainte de la persécution ou par la corruption de leur cœur, avaient abandonné les pratiques religieuses, contracté des mariages nuls ou illicites, dressé dans leurs maisons des tablettes superstitieuses.

Ils présentèrent ensuite au missionnaire un inventaire de tous les biens, meubles et immeubles, qu'ils possédaient, et qu'ils avaient mis en commun, à l'exemple des premiers fidèles.

CHAPITRE III

LE PREMIER SÉMINAIRE DU TONKIN
Mgr DE LA MOTTE-LAMBERT. — LES PRÊTRES INDIGÈNES

A la fin de la retraite, M. Deydier assigna un poste à chaque catéchiste, plaçant les jeunes sous la direction des plus âgés. Il garda près de lui Benoît Ilien, Jean Hué et cinq autres qu'il destinait au sacerdoce, et dans ce bateau qui venait de leur servir de cloître durant la retraite, il établit le premier séminaire du Tonkin. Cachés dans les anses du fleuve Rouge ou près des rivages solitaires, les barques tonkinoises remplaçaient les catacombes romaines.

M. Deydier a raconté lui-même, avec franchise, naturel et humilité, les débuts de ce séminaire qui, de tous les séminaires des Missions d'Extrême-Orient, devait être le plus fécond en prêtres indigènes :

« Dès ce jour, écrit-il à son évêque, nous commençâmes à mener une vie de communauté et, qui plus est, une vie apostolique ; nous mangions ensemble ; chacun lisait et servait à table à son tour ; je ne m'en exceptais pas plus que mes jeunes séminaristes. Ils s'y opposèrent d'abord, mais, quand je leur eus apporté l'exemple de Notre-Seigneur, qui avait poussé l'humilité jusqu'au point de laver les pieds du traître et abominable Judas, ils ne surent que répliquer et furent obligés de se rendre, quoique avec une peine extrême, parce que cela est sans exemple parmi les

Tonkinois, chez qui les femmes mêmes ne mangent d'ordinaire qu'après leurs maris.

» Nous faisions nos autres exercices ensemble. Je mis aussitôt mon viatique et ce que les catéchistes m'avaient confié entre les mains de M. Raphaël, choisi pour être notre trésorier et notre économe. Tout ce que les chrétiens me donnaient en aumônes et pour dire des messes, lui était envoyé sans passer par mes mains.

» Ainsi nous sommes, par la miséricorde du bon Dieu, arrivés à l'état des premiers chrétiens dont l'Ecriture dit : « *Erat cor unum et anima una, erant illis omnia communia.* »

.*.

Laissant ensuite ses écoliers à eux-mêmes, il commença la visite de la mission. Il parcourut les provinces de Nan-Dinh, de Ninh-Binh, de Thanh-Hoa et remonta vers Son-Tây. Debout avant l'aurore, il célébrait d'abord la messe à laquelle assistaient tous les chrétiens ; il prêchait trois fois par jour, le matin, à trois heures après-midi, et le soir ; entre temps il commençait l'organisation de la mission, nommait les chefs de chaque paroisse et composait un abrégé de la doctrine chrétienne. Il passait une partie des nuits à entendre les confessions ; à Ke-Nam, il baptisa plus de six cents personnes et en confessa deux mille cinq cents ; à Ke-Song, il baptisa également de nombreux néophytes. Il travaillait dans l'ombre et le mystère, car il avait tout à redouter de la surveillance des mandarins, de l'espionnage des soldats, de la susceptibilité des mauvais chrétiens repris et condamnés pour leur conduite, de l'orgueil de quelques lettrés souvent très froissés de ce qu'on leur imposait un stage de plusieurs semaines avant le baptême.

C'est ainsi qu'une mère de famille qui n'avait pu obtenir la permission de fréquenter les sacrements, parce qu'elle avait marié deux de ses filles à des païens, dénonça le missionnaire. Moyennant un présent offert par l'interprète Raphaël, un mandarin para le coup; il expliqua au roi que l'homme accusé d'être un prédicateur de religion n'était autre qu'un Français habitant naguère Siam et venu au Tonkin pour se joindre à une ambassade dont on annonçait la prochaine arrivée. « Ce Français, ajouta-t-il, ne possédant aucun objet digne d'être offert à Sa Majesté, n'a osé paraître en sa présence; cependant il est très désireux de rester dans ce royaume. »

Le souverain s'informa de la force et des richesses de la France, de ses relations avec les Hollandais dont le comptoir de Héan était très florissant.

« La France, répondit le mandarin, est le plus puissant royaume de l'Europe, et les Hollandais y achètent tout ce qu'ils apportent ici de plus précieux. »

Cette raison suffit au roi; plus tard et sous différents règnes, elle sera également donnée en Annam avec succès, car la tolérance religieuse eut longtemps pour base l'intérêt commercial.

Echappé à un danger, le missionnaire retombait dans un autre; il faillit être dénoncé par un capitaine de la garde royale qui voulait être immédiatement baptisé sans instruction préalable. Pendant un de ses voyages, il rencontra la flotte royale, et pour éviter toute perquisition, il la suivit comme s'il avait appartenu au cortège.

Une autre fois, il fut obligé de se faire passer pour le domestique d'un Hollandais.

．·．

Dieu aidait ses travaux par des grâces particulières dont l'effet avait du retentissement dans tout le pays, et dont les annalistes de la mission du Tonkin nous ont conservé le souvenir. La veuve d'un lettré, nommé Dieou et fort en crédit près du roi, avait deux de ses petites-filles dangereusement malades. Sous toutes les latitudes, il y a de mystérieuses affinités et un amour puissant entre l'aïeul et l'enfant. Dieou n'avait rien épargné pour sauver celles qu'elle aimait tant, mais les consultations des médecins les plus habiles et des bonzes les plus renommés avaient été inutiles. La pauvre femme entendit parler des chrétiens et de la puissance de leur Dieu; elle fit appeler un catéchiste, et lui montrant ses petites-filles :

« Priez pour elles, lui dit-elle, baptisez-les, faites ce que vous voudrez, mais sauvez-les. »

Sur les routes de la Judée, le Christ avait senti son cœur tressaillir aux accents d'une douleur maternelle, et le fils de la veuve de Naïm était sorti vivant du cercueil. Du haut du ciel, il entendit et exauça les vœux de la femme annamite et les prières des fidèles, il rendit la santé aux deux enfants. La tendresse heureuse de l'aïeule ne fut point ingrate; elle reconnut le Souverain Maître de toutes choses, l'adora et reçut le baptême avec ses petites-filles, entraînant par son exemple une autre dame de la Cour et une belle-sœur du roi.

La grâce divine fut encore plus efficace dans la province de Thanh-Hoa. Le missionnaire y baptisa sept cent cinquante-huit infidèles presque tous adultes.

Un catéchiste nommé Martin, qui prêchait depuis treize mois dans la province de Nghe-An et dans le Bô-Chinh, vint lui rendre compte des bénédictions répandues sur ses travaux. Il avait ramené les chrétiens aux exercices de la religion et baptisé, avec le secours d'un catéchiste de second ordre, environ trois mille personnes. Le zèle des autres catéchistes n'avait pas été sans fruit. « Je trouve, dit M. Deydier, que sept mille quatre-vingts personnes, dont j'ai les noms, ont reçu cette année le baptême. J'en ai baptisé quinze cents pour ma part (1667). »

Tantôt les bienfaits, tantôt les châtiments accéléraient les progrès de la foi. Un chrétien et sa femme furent frappés d'une maladie étrange et inconnue, aussitôt après avoir marié leur fille à un païen; un conseiller du roi qui avait sollicité et obtenu un édit de persécution fut cassé de sa charge, son fils et sa fille moururent de male mort. Sur les lèvres des païens eux-mêmes, on rencontrait l'aveu de la puissance divine. « Le Maître du ciel vous a bien protégés, disait à ses derniers instants un dénoncia-

teur des missionnaires, je n'ai rien négligé pour vous perdre, et il vous a délivrés de tout. »

.*.

Afin d'activer le mouvement des conversions, M. Deydier fit partir pour Siam, où résidait Mgr de la Motte-Lambert, ses deux principaux catéchistes et pria l'évêque de leur conférer les saints ordres.

Le vicaire apostolique plaça au séminaire les catéchistes de M. Deydier, les instruisit et les ordonna au mois de mai ou de juin 1668. Ils furent les premiers nés du clergé tonkinois, la première de ces nombreuses générations de prêtres indigènes que nous retrouverons courageux, habiles, zélés, vertueux, vrais soutiens de leurs Eglises et de leurs compatriotes aux heures les plus sombres de la persécution, dignes, en un mot, à de rares exceptions près, de cette parole que l'évêque avait prononcée sur leurs fronts inclinés au jour de leur consécration : « Vous êtes la race choisie, le sacerdoce royal, la nation sainte, le peuple conquis, afin que vous annonciez les grandeurs de Celui qui vous a appelés des ténèbres à son admirable lumière. »

Après leur retour au Tonkin, ils aidèrent M. Deydier dans les travaux de son apostolat de plus en plus fécond, surtout dans les paroisses de Dong-Chuoi, de Kien-Lao, de Tra-Lu et de Lang-Lang.

.*.

En apprenant cette extension de l'Eglise tonkinoise, Mgr de la Motte-Lambert pensa que le moment était venu de régler l'organisation des paroisses et des districts et d'affermir le bon ordre et la paix. En l'absence de Mgr Pallu cette charge lui revenait.

Au mois de juillet 1669, accompagné de MM. de Bourges et Bouchard, il s'embarqua sur le vaisseau d'un marchand originaire de Bourgogne, Junet. A l'entrée du fleuve Rouge, il fit prévenir M. Deydier de son arrivée. Hélas! le moment était loin d'être propice. La persécution durait depuis quelques mois; elle n'était pas violente, mais elle révélait assez les mauvaises dispositions du gouvernement. M. Deydier avertit l'évêque, en même temps que deux gardes montaient sur le navire français, pour empêcher le débarquement des marchandises, avant l'examen qu'en devaient faire les mandarins.

.

La situation devenait embarrassante.

Le Vicaire apostolique craignait d'être découvert et de causer un redoublement de persécutions; les objets du culte étaient également compromettants. Pour les soustraire aux regards du mandarin, Junet s'avisa d'un stratagème de marin : il invita les soldats annamites à souper, et leur servit plusieurs bouteilles de son meilleur vin. Les soldats regardèrent comme un devoir de faire honneur à la générosité du capitaine, et, dit le chroniqueur, « ils burent assez pour avoir besoin de dormir. » On fit alors passer les objets, qu'on voulait dérober aux perquisitions mandarinales, dans la barque d'un prêtre indigène qui les mit en lieu sûr.

Dès que le vaisseau fut arrivé en vue de Héan, deux officiers le visitèrent minutieusement, relevèrent le détail de sa cargaison, demandèrent ce qu'il venait faire au Tonkin, et s'il y avait des prêtres à bord. Le capitaine répondit que, selon la coutume des Français, il y avait un aumônier, et il leur présenta Mgr de la Motte-Lambert, qui seul avait gardé le costume ecclésiastique : « Le navire, ajouta-t-il, appartient à la nouvelle Compagnie de France, qui désire fonder un comptoir commercial à Héan. »

On transmit cette réponse au roi qui s'en montra satisfait, et défendit d'inquiéter ou de punir ce prêtre, venu de son royaume sans connaître sa défense. Toutes les difficultés eussent été aplanies, si les Portugais et les Hollandais, redoutant la concurrence commerciale des Français, n'avaient eu l'infamie de dénoncer nommément l'évêque et les missionnaires.

Une nouvelle visite, plus sévère que la première, n'amena heureusement la découverte d'aucun objet compromettant; mais les mandarins soupçonneux menacèrent de mort Junet et de Bourges, maltraitèrent Mgr de la Motte-Lambert, et établirent autour du navire une surveillance rigoureuse.

...

Les chrétiens conseillèrent alors au vicaire apostolique d'adresser une requête au roi et de lui offrir des présents. Un eunuque chrétien exposa au prince les avantages du commerce avec la France, dont la puissance était sans égale en Europe, les marchandises les meilleures et les commerçants les plus probes. « Puisqu'il en est ainsi, répliqua le prince, que les Français viennent dans mon royaume, je leur accorderai de plus grands privilèges qu'aux Hollandais, et dès maintenant, s'ils le désirent, je leur donnerai un terrain pour y établir une factorerie. »

Il permit à l'équipage de descendre à terre, l'invita même à assister à la revue de son armée et aux exercices de ses éléphants de guerre. Les officiers et les matelots s'empressèrent d'aller voir défiler les bataillons annamites, tandis que Mgr de la Motte-Lambert appelait près de lui les catéchistes, en choisissait sept et les ordonnait prêtres.

...

Peut-être un docteur de Sorbonne eût-il trouvé ces prêtres insuffisamment versés dans les subtilités de la philosophie, incapables de soutenir une thèse sur plusieurs questions théologiques, absolument ignorants en physique, en chimie, en astronomie; mais ils possédaient des qualités plus nécessaires à leur état et que la science n'aurait pas remplacées : un grand bon sens, beaucoup de tact dans la conduite des choses et des hommes, une foi vive et une humble défiance d'eux-mêmes. En les choisissant, de la Motte-Lambert et Deydier s'étaient inspirés des traditions apostoliques ; les élus étaient des hommes pieux, prudents, réservés et sûrs comme les *Seniores* des premiers siècles de l'Eglise. Tous, d'ailleurs, sauf le P. Vite Van Tri, dont l'extraordinaire vertu méritait cette exception, étaient avancés en âge.

Martin Mat avait. . . . . 66 ans
Antoine Van Hoc. . . . . 56 —
Philippe Nhum. . . . . 50 —
Simon Kien . . . . 60 —
Jacques Van Chu. . . . . 46 —
Léon Thu. . . . . 45 —
Vite Tri. . . . . 30 — [1]

L'évêque conféra ensuite les ordres mineurs à dix catéchistes, la tonsure à vingt autres.

C'était un grand point, sans doute, de posséder, après quelques années de travail, neuf prêtres indigènes, trente lévites, des catéchistes nombreux et fidèles ; mais une chose non moins importante restait à accomplir : donner à ce clergé et à ses auxiliaires des règles de conduite. C'est pourquoi, le 14 février 1670, Mgr de la Motte-Lambert tint à Dinh-Hien, province de Kit-Nam, aujourd'hui de Nam-Dinh, le premier synode du Tonkin, dont les statuts sont au nombre de trente-trois.

Les principales décisions furent : la division du Tonkin en neuf districts et la tenue chaque année d'une réunion synodale. Les actes du synode de Dinh-Hien furent approuvés par le pape Clément X, le 23 décembre 1673, dans la bulle *Apostolatus officium*.

---

1. La biographie de ces premiers prêtres indigènes a été publiée par M. E. C. Lesserteur, directeur au Séminaire des Missions Etrangères.

CHAPITRE IV

LES AMANTES DE LA CROIX

Après avoir fixé des règles de gouvernement à son clergé naissant, Mgr de la Motte-Lambert tourna ses regards vers une autre classe de fidèles. Evêque, envoyé pour fonder des Eglises et évangéliser les nations païennes, il voulut offrir à ces Eglises tous les moyens d'action et tous les éléments de succès, à ces nations le spectacle de toutes les splendeurs et de toutes les noblesses du catholicisme.

Près du prêtre combattant au grand jour, il plaça la religieuse, la vierge priant au fond de son cloître, se dépensant au chevet des malades, se dévouant à l'instruction des enfants.

La virginité est la fleur de la pudicité, elle en est le rayon le plus pur, le parfum le plus délicat. Les peuples les plus corrompus l'ont tous tenue en singulière estime. Rome avait ses vestales au long vêtement blanc; la Gaule ses druidesses au front couronné de verveine et de gui sacré; l'Extrême-Orient possède des institutions analogues; Siam a ses talapouines, l'Annam et la Chine leurs bonzesses auxquelles la continence est imposée. La pudeur est donc en honneur, elle exerce sur la vie publique et sur la législation un incontestable empire. Le mariage est un rit religieux, l'adultère est puni par la mort ou par l'esclavage, l'honneur de la femme n'est pas un vain mot, et la mère a quelque droit au respect de ses fils.

Mais mêlées à ces dernières lueurs que l'âme de l'homme a gardées, vestiges du soleil éclatant qui l'illumina à son origine, que d'ombres ou plutôt que de ténèbres ! Pour n'être absolument ni dégradée, ni avilie, la femme d'Extrême-Orient n'est nulle part, au sens chrétien du mot, la compagne de l'homme. Elle est ordinairement traitée en inférieure par son mari ; ne sait ni lire ni écrire, ne connaît que sa cuisine et quelques prières qu'elle marmotte sans les comprendre ; la polygamie est dans les hauts rangs de la société et le divorce trop fréquent.

L'Eglise avait trouvé le monde grec et le monde romain dans un état de corruption sans doute plus profonde ; pour le renouveler, elle avait relevé la femme, l'avait purifiée, avait agrandi et ennobli son rôle jusqu'à en faire un instrument de régénération sociale par la chasteté conjugale et la virginité.

Tertullien, saint Cyprien, saint Grégoire, saint Ambroise avaient proclamé les vierges le plus précieux joyau de l'Eglise et sa plus belle couronne. Mgr de La Motte-Lambert suivit ces exemples. Des veuves et des jeunes filles s'étaient déjà réunies, désireuses de mener une vie plus chrétienne ; il voulut les former en un véritable Institut, et il composa pour elles des règlements dont les principaux points furent : les vœux de chasteté, de pauvreté et d'obéissance. Il les exhorta par des instructions spéciales :

1° A unir continuellement leurs oraisons, leurs pénitences et leurs larmes aux prières, aux douleurs et au sang du Sauveur, afin d'obtenir de Dieu la conversion des infidèles de l'univers, particulièrement du Tonkin.

2° A s'appliquer à l'éducation des jeunes filles, afin qu'en leur apprenant ce que les personnes de leur sexe doivent savoir, elles aient l'occasion d'expliquer aux chrétiennes et même aux païennes les principes de la religion ; il leur recommanda de n'interrompre ces instructions que pendant les plus rigoureuses persécutions.

3° A prendre soin des filles et des femmes malades, soit chrétiennes, soit infidèles, et à joindre à leurs soins charitables des entretiens sur l'importance du salut éternel.

4° A convertir celles qui mènent une vie scandaleuse, et à baptiser les petits enfants en danger de mort.

A ces nouvelles religieuses, Mgr de la Motte-Lambert donna le nom significatif d'Amantes de la Croix. Pauvres et saintes filles, elles l'ont bien mérité ce nom, elles ont supporté tout ce qu'il exprime de douleurs, d'angoisses, d'amertumes humaines; mais aussi elles ont savouré tout ce qu'il prophétise de joie céleste et d'amour divin. Elles ont mené une vie de pauvreté, de travail, d'humiliation, parcourant tous les chemins de l'Annam, visitant ses bourgades et ses villes, afin de régénérer les enfants dans les eaux du baptême; au péril de leur vie, elles ont caché les prêtres pendant les persécutions; elles ont porté le Pain des forts aux martyrs, jusque dans leur cachot; et pour couronner tant de vertus et tant d'héroïsme, elles ont confessé le nom de Jésus-Christ dans les tourments et dans la mort.

.˙.

Les choses de Dieu ne vont jamais sans encombre, et l'opposition qu'elles rencontrent est une de leurs marques principales.

En 1671, M. Deydier et M. de Bourges, venu récemment le rejoindre, furent dénoncés, arrêtés, frappés, traînés par les cheveux et conduits enchaînés au gouverneur. Un soldat, le sabre nu à la main, menaça de couper la tête à M. de Bourges. « Tu n'auras pas l'honneur de faire un martyr, » dit doucement le missionnaire. Séminaristes et domestiques furent saisis en même temps et livrés au mandarin, qui les menaça des plus rudes châtiments, s'ils n'avouaient pas que leurs maîtres étaient des chefs de religion. Ces jeunes gens se contentèrent de répondre qu'eux-mêmes étaient chrétiens. Le mandarin en condamna quatre à la prison et en laissa trois près de M. de Bourges, enfermé au prétoire, en disant :

« Je vous fais grâce ; mais, pour votre compagnon, je l'ai traité comme il le mérite, et je le mettrai en lieu sûr. »

En effet, il condamna M. Deydier aux fers; quelques jours après, il prononça contre lui et contre quatre séminaristes une sentence de mort, qu'il n'osa cependant exécuter sans l'autorisation royale. Il se rendit à la capitale pour l'obtenir. Au premier mot qu'il prononça :

« Je ne veux pas, répondit le roi, qu'on les punisse de mort; mais si quelqu'un est convaincu d'avoir commis de grands désordres dans la province, tu peux lui faire couper la main, ou plutôt je t'ordonne de me l'envoyer et j'en userai comme je jugerai à propos. »

Le mandarin avait espéré un autre jugement; il voulut sortir de cette affaire avec les honneurs de la guerre. Il ordonna à M. de Bourges de transporter sa maison dans le quartier chinois. Le missionnaire répondit que le roi, lui ayant donné le terrain qu'il occupait actuellement, serait mécontent de le voir s'établir ailleurs, que du reste il n'avait pas de ressources pour une seconde installation.

Croyant être plus heureux avec M. Deydier, il lui offrit la liberté, s'il consentait à lui demander pardon. Celui-ci s'excusa, il n'avait rien fait contre les ordres du prince, jamais manqué de respect au mandarin; il ne voyait donc pas de quoi il devait demander pardon. Ces paroles lui valurent une aggravation de peine ; par bonheur, un mandarin, visiteur des vaisseaux étrangers, passa par Héan sa avec femme, fervente chrétienne :

« Pourquoi donc, dit celle-ci au mandarin, retenez-vous M. Deydier en prison, après que le roi a ordonné de l'élargir ? J'avertirai Sa Majesté. »

Intimidé, le préfet se déclara prêt à relâcher le captif, s'il lui fournissait une caution. De Bourges s'offrit; le mandarin, visiteur des vaisseaux, fit de même, et, secouru par ce double dévouement, M. Deydier sortit définitivement de prison le 5 novembre 1671.

En terminant la relation de ses souffrances, le missionnaire écrivait ces belles paroles confirmées par le baptême de cinq mille trois cents chrétiens en cette seule année:

« Ce sont des roses qui croissent parmi les épines. Malgré les édits du roi, la perte des biens, les bastonnades, les prisons, il se fait tous les jours de nouveaux chrétiens par un miracle continuel de la grâce. Le soleil de justice fait éclater sa lumière de ces nues menaçantes qui devaient l'obscurcir. Les chrétiens découvrent, reçoivent et conservent cette divine lumière aux dépens de leur vie. La cruauté des tyrans et la rigueur des tourments, loin de ralentir leur ferveur, augmentent encore l'estime et l'amour de la religion. »

CHAPITRE V

RELATIONS DE LA FRANCE AVEC LE TONKIN

Pendant ce temps, Mgr Pallu, très occupé par le règlement d'importantes affaires à Paris et à Rome, n'oubliait pas le Tonkin dont, nous l'avons dit, il était le vicaire apostolique. Le progrès de la foi était évidemment son premier but, mais il n'avait garde d'oublier la France: il aurait voulu unir par des traités de commerce utiles à la fortune publique et à la civilisation le Tonkin et la France, et il est curieux de voir ce rêve naître dans l'esprit d'un évêque missionnaire, il y a plus de deux siècles.

Le 2 janvier 1672, il soumit à Colbert le projet d'établir un comptoir au Tonkin.

« Mgr de la Motte-Lambert y a si bien disposé les choses, disait-il, qu'il a obtenu du roi, par deux ecclésiastiques, qui étaient déguisés en marchands, le pouvoir d'y demeurer et de faire bâtir une maison, en un beau lieu qui leur fut assigné, dans l'espérance qu'il donna que la Compagnie française y pourrait bien venir prendre un établissement. Il en a écrit à MM. les Directeurs généraux et leur a envoyé des mémoires très instructifs du négoce qu'on y peut faire.

» Je vous supplie pour l'intérêt de la foi, d'où dépend celui de la Compagnie, et pour l'honneur et la gloire du roi très chrétien, de porter MM. les Directeurs généraux à disposer incessamment tout ce qui est nécessaire pour l'établissement d'un comptoir en ce royaume ou au moins pour y faire un voyage. Cette affaire ne peut être que très avantageuse à la Compagnie. »

.'.

Lorsque, après avoir quitté la France, il passa à Surate dans le courant de cette même année, il fit écrire par Blot et Baron, deux directeurs de la Compagnie des Indes orientales, une lettre au roi du Tonkin, pour lui témoigner le désir d'établir une factorerie dans ses Etats et le prier d'agréer quelques présents.

Lorsque, plus tard, Mgr Pallu revint une seconde fois en France, il fit de nouvelles démarches pour que la Compagnie des Indes envoyât des navires au Tonkin et que Louis XIV écrivît lui-même au Roi Le hi-tong. Cette double demande fut exaucée. En 1682, Baron et Guilhem frétèrent un navire et l'expédièrent au Tonkin.

.'.

D'après le conseil de M. Deydier, le capitaine offrit au roi, aux princes et aux officiers, des présents qui parurent rares et magnifiques; il vendit ses marchandises à plus bas prix que les Anglais.

La méthode était bonne et eut des résultats inattendus. Les Tonkinois jugèrent que les missionnaires français, à ce moment menacés d'expulsion, n'étaient ni dangereux, ni coupables, puisqu'ils avaient des compatriotes si généreux et si bons négociants, et ils fermèrent les yeux sur leurs expéditions apostoliques; par contre-coup les missionnaires dominicains récemment arrêtés, comme nous l'avons dit précédemment, furent relâchés; le mandarin, qui les mit en liberté, refusa cependant de rendre leurs vêtements, et aux réclamations du P. d'Arjona, il répondit fièrement: « Je leur fais l'aumône de la tête. » Le don était royal, et la parole digne d'un empereur de Rome ou de Byzance.

.˙.

Quelques mois plus tard, on annonça la lettre que Louis XVI avait remise à Mgr Pallu pour le roi du Tonkin et qu'apportaient deux missionnaires, MM. Lefebvre et Geffrard.

Le premier sentiment de la cour de Ha-noï à cette nouvelle fut un étonnement mêlé de crainte. Selon son habitude, elle ne pouvait comprendre que l'on vînt de si loin pour apporter des lettres et des présents, sans aucune marchandise. Après d'assez longs pourparlers sur des questions d'étiquette, qu'il fallut traiter avec les mandarins, en se servant d'argent plus que de bonnes raisons, le roi accepta les présents et reçut la lettre de Louis XIV, dont M. Deydier fit la traduction.

Cette lettre était dictée par un sentiment très patriotique et très chrétien; elle traitait du commerce, mais elle parlait au souverain païen, avec des accents apostoliques, de la beauté et de la grandeur de la foi, et exprimait le vœu qu'il l'embrassât. Les politiques et les hommes d'Etat de nos jours n'écrivent plus ainsi; mais peut-être serait-il juste aussi de reconnaître, que les paroles sans les actes sont d'un faible poids dans la balance des événements, et que les exhortations de Louis XIV, quelque chrétiennes qu'elles fussent, ne suffisaient pas, à elles seules, pour obtenir aux missionnaires la liberté absolue de prêcher l'Evangile, et aux chrétiens le droit de pratiquer en paix leur religion.

En voici le texte :

« Très haut, très excellent, très puissant et très magnanime Prince, notre très cher et bon ami, Dieu veuille augmenter votre grandeur avec fin heureuse !

» Nous apprenons par nos sujets, qui ont été dans vos Etats, quelle a été la protection que vous leur avez accordée. Nous y sommes d'autant plus sensibles, que nous avons pour vous toute l'estime que l'on peut avoir pour un prince aussi illustre par ses vertus militaires, qu'il est recommandable par sa justice. Nous avons même été informés que vous ne vous êtes pas contenté de cette protection générale pour nos sujets, mais qu'en particulier vous en avez donné des marques effectives aux sieurs Deydier et de Bourges. Nous eussions souhaité qu'ils eussent pu reconnaître toutes les grâces qu'ils ont reçues de vous par des présents dignes de vous être offerts ; mais la guerre que nous avons eue pendant quelques années, dans laquelle toute l'Europe s'était liguée contre nous, ayant empêché nos vaisseaux d'aller dans les Indes, à présent que nous avons bien voulu donner la paix, après avoir remporté tant de victoires et augmenté nos États par la conquête de plusieurs places importantes, nous avons aussitôt donné nos ordres à la Compagnie royale de s'établir dans votre royaume le plus tôt qu'elle pourra, et aux sieurs Deydier et de Bourges de demeurer auprès de vous, afin d'entretenir une bonne correspondance entre nos sujets et les vôtres, et nous avertir aussi des occasions qui se pourraient présenter, où nous puissions vous donner des marques de notre estime et du désir que nous avons de concourir à votre satisfaction et à vos avantages. Pour commencer de vous en donner des marques, nous avons commandé qu'on vous portât quelques présents que nous avons cru qui vous seraient agréables. Mais la chose du monde, que nous souhaiterions le plus, ce serait d'obtenir pour vos sujets, qui ont déjà embrassé la loi du seul vrai Dieu du ciel et de la terre, la liberté de la professer, cette loi étant la plus haute, la plus noble et la plus sainte, et surtout la plus propre pour faire régner les rois sur les peuples. Nous sommes même très persuadés que si vous connaissiez les vérités et les maximes qu'elle enseigne, vous donneriez à vos sujets le glorieux exemple de l'embrasser. Nous vous souhaitons ce bien incomparable avec un long et heureux règne, et prions Dieu qu'il veuille augmenter votre grandeur avec fin heureuse.

» Votre très cher et bon ami,

» Louis. »

Trois jours après la réception de cette lettre, le Chua du Tonkin, Trinh-thac, qui gouvernait sous le nom du roi Le-hi-tong mourut. Son fils, Trinh-can, qui lui succéda, n'osa marquer les débuts de son administration par une approbation publique du catholicisme jusqu'alors officiellement interdit. Il se contenta de donner de bonnes paroles aux missionnaires, et dans sa réponse au roi de France de protester de ses dispositions en faveur des négociants français, ajoutant que chargé des affaires de l'Etat depuis peu de temps, il lui était impossible encore de trancher d'une façon péremptoire la question religieuse.

Il remit aux missionnaires, pour Louis XIV, de superbes soieries brochées d'or, ornées d'arabesques entourant le dragon impérial.

.*.

Le grand profit que l'on retira de cette ambassade fut, pour les chrétiens, une paix relative et la cessation temporaire des vexations causées par l'avarice ou par la haine des mandarins.

Dans la ville royale et dans les provinces, les fidèles purent tenir de fréquentes et solennelles assemblées qui relevèrent l'éclat et la ferveur de la vie chrétienne. Mgr Deydier et Mgr de Bourges, nommés vicaires apostoliques et sacrés évêques, se partagèrent le Tonkin; le premier se chargea de la partie orientale, et le second de la partie occidentale; telle fut l'origine de la division du Tonkin en plusieurs vicariats.

CHAPITRE VI

PROGRÈS DE LA FOI. — NOUVELLES PERSÉCUTIONS

Mgr Deydier mourut en 1693 et fut remplacé par le P. Lezzoli, religieux italien de l'ordre de Saint-Dominique. Les deux sociétés apostoliques Missions-Étrangères et Dominicains qui, aujourd'hui encore, évangélisent le Tonkin, marchaient donc déjà de concert à la conquête des âmes, et, sous la direction des Vicaires Apostoliques, quelques religieux de la Compagnie de Jésus, parmi lesquels on remarque à cette époque les PP. Le Royer et Parregault, se livraient avec ardeur à la prédication de la foi.

.*.

Cependant le gouvernement du Tonkin était déjà hostile au catholicisme ; sans doute, il n'était pas, comme il le sera au XIXe siècle, entré dans la voie de la persécution sanglante, et il se contentait d'exiler les prédicateurs de l'Evangile. C'est ainsi qu'en 1713 Mgr de Bourges fut chassé du pays qu'il évangélisait depuis quarante-quatre ans :

L'instigateur de la persécution, comme il arrive trop souvent, fut un mauvais chrétien dont on ne connaît que le nom de baptême, Léon. Chargé par son Vicaire apostolique de plusieurs missions périlleuses, entre autres de l'introduction au Tonkin des prêtres européens, Léon alla chercher M. Jean-Baptiste de la Mothe sur les frontières de la province de Canton.

Ayant reçu pour ce service signalé une somme d'argent considérable, il s'abandonna au jeu, à la débauche et apostasia; lorsqu'il n'eut plus d'argent, il revint en exiger, menaçant l'évêque et ses prêtres de les dénoncer au roi, s'ils ne lui donnaient une nouvelle somme qu'il fixait à cent taëls. A cette époque, le Chua Trinh-can gouvernait sous le nom du roi Le-hi-tong; il n'aimait pas les Européens, avait plusieurs fois jeté en prison Van-Loo, le chef du comptoir hollandais de Héan, et, finalement, l'avait chassé du pays, ainsi que ses compatriotes.

Mgr de Bourges craignit les suites d'une dénonciation portée devant un tel juge, il donna les cent taëls.

Cette concession amena d'autres exigences.

Un chef de voleurs, Da-Troc, se présenta chez le Vicaire apostolique et chez son coadjuteur Mgr Bélot, et avec une audacieuse imprudence, il leur dit que Léon avait reçu cent taëls pour ne pas les dénoncer, que cet acte de Léon était une trahison envers l'Etat, mais que lui-même allait réparer ce crime et dénoncer leur présence... « cependant, ajouta-t-il, si vous me donnez cinquante mille deniers, je garderai le silence. »

Il était impossible de subir cette sorte de chantage; on avertit le mandarin de Héan, ami des missionnaires, et on fit partir M. Jean-Baptiste de la Mothe pour la Chine, dans la pensée que ce départ satisferait le roi, si cette affaire arrivait jusqu'à lui.

* *

Cependant, Da-Troc s'entendit avec Léon pour exécuter ses menaces, et le gouverneur de Héan étant allé à Hanoï, l'accusation fut présentée au second mandarin qui la prit en considération et commença les poursuites.

Des catéchistes, des écoliers et plusieurs fidèles furent arrêtés, battus et emprisonnés. Leur silence sauva les évêques. Léon lui-même se tourna contre son complice Da-Troc et le juge se vit forcé, faute de preuves pour étayer une sentence, de renvoyer les prisonniers et de laisser les missionnaires en repos; mais, vaincu de ce côté, il essaya de se venger d'un autre.

Les Annamites n'ont pas une très grande foi dans l'impartialité de leurs magistrats; s'ils intentent un procès et le perdent, il leur arrive souvent d'attendre la mort ou le déplacement du juge qui les a condamnés et de porter l'affaire à son successeur.

Le mandarin de Héan fit à peu près de même; son ancien chef hiérarchique étant mort en même temps que le roi Le-hi-tong et que Trinh-can, il chargea un de ses amis de porter plainte au nouveau Chua au sujet de la religion chrétienne et de la lui représenter comme très dangereuse pour la tranquillité du pays. Habilement circonvenu, Trinh-can écouta ce qu'on voulut lui dire et signa l'ordre de faire disparaître le catholicisme de ses Etats.

* *

En exécution de cet ordre, Mgr de Bourges, Mgr Bélot et M. Guisain furent arrêtés. Mgr de Bourges, dont le grand âge imposait le respect, fut dispensé de paraître au tribunal. Mais le coadjuteur et le missionnaire subirent, le 10 mai 1712, un long interrogatoire. Mgr Bélot répondit avec une grande présence d'esprit et beaucoup de calme; il prouva que, depuis leur arrivée dans le royaume, les prédicateurs de la foi n'avaient commis aucune faute qui méritât l'expulsion. Les juges ne répliquèrent pas, et laissèrent les deux prisonniers à genoux, au milieu de la cour, exposés, tête nue, aux ardeurs du soleil pendant plusieurs heures.

Le 28 du même mois, on les fit de nouveau comparaître, et on les somma de demander leur expulsion. Ils trouvèrent l'ordre assez singulier et le dirent : puisque les mandarins avaient la force, ils pouvaient en user, au lieu d'obliger les victimes à demander la peine qu'ils avaient résolu de leur infliger. On amena plusieurs fidèles, et on les soumit à la torture, espérant que, par pitié pour leurs chrétiens, les missionnaires obéiraient à ce qu'on exigeait; ceux-ci déjouèrent le calcul de leurs ennemis.

« Ordonnez-nous ce qu'il vous plaira, dirent-ils, nous y consentirons; mais, étant fort âgés et d'une santé fort affaiblie, si nous osions faire quelque demande à Sa Majesté, nous la supplierions de nous permettre non de sortir de son royaume, mais d'y passer le peu de jours qui nous restent à vivre. »

Cette réponse enlevait aux juges tout espoir de réussir; ils portèrent donc eux-mêmes la sentence et condamnèrent aux fers les deux évêques et le missionnaire; ils ne voulurent cependant pas les enfermer dans la prison des criminels. Mgr Bélot fut gardé à vue chez le 1er gouverneur de la ville, M. Guisain chez le 2e et Mgr de Bourges chez le gouverneur de la province qui, respectueux de son âge, de sa vertu, de sa grande réputation de sagesse, le mit en liberté dès le lendemain; M. Guisain trouva une protectrice dans la mère du gouverneur, chrétienne depuis de longues années, et sa captivité fut adoucie.

Les prisonniers adressèrent alors au roi un recours en grâce. La réponse fut négative : on leur permettait de vendre tout ce qu'ils avaient laissé dans leur maison, mais on leur ordonnait de partir immédiatement. Ils obtinrent, néanmoins, de reprendre leurs livres confisqués par les mandarins, d'emmener avec eux quelques domestiques et des matelots anglais qu'une tempête avait jetés sur les rivages du Tonkin.

.

Ils s'embarquèrent le 21 janvier 1713, escortés par trois mandarins qui visitèrent minutieusement leur jonque et les accompagnèrent jusqu'à l'embouchure du fleuve Rouge. Arrivés au bord de la mer, les mandarins crurent leur devoir rempli et leur consigne fidèlement exécutée; ils descendirent à terre, laissant les exilés voguer vers Siam. L'amour est plus fort que la haine, et le zèle de l'apôtre plus industrieux que celui du persécuteur. Avant de quitter Héan, les missionnaires avaient envoyé, pour les attendre sur les côtes du Thanh-hoa, une barque montée par des prêtres, des catéchistes et des élèves du séminaire : les deux embarcations se rencontrèrent au lieu désigné. Aussitôt huit élèves et un prêtre destinés au collège de Juthia montèrent sur la jonque de Mgr de Bourges. Mgr Bélot et M. Guisain passèrent sur le bateau des chrétiens annamites, et, deux jours plus tard, abordèrent au Thanh-hoa pendant que seul le vieil évêque partait pour Juthia.

Quelques années après, la persécution se ralentit, mais elle reprit avec plus d'ardeur en 1736 à l'instigation d'un bonze appelé Tinh. Cette année même, quatre prêtres de la Compagnie de Jésus, les PP. Barthélemi Alvarez, Emmanuel d'Abreu, Vincent de Cuna et Jean Cratz, deux catéchistes et plusieurs fidèles tonkinois furent arrêtés, conduits à Ke-cho aujourd'hui Hanoï, et décapités le 12 janvier 1737.

Leur martyre émut profondément les chrétiens. L'un d'entre eux en perpétua le souvenir dans une longue poésie que Mgr Retord, alors simple missionnaire, retouva un siècle plus tard, qu'il traduisit et adressa à M. Pelagaud, de Lyon, avec cette dédicace :

« J'ai appris que, sous l'autel de l'église de Tru-Chu, étaient inhumés les corps de quatre prêtres jésuites, décapités pour la foi. J'ai pu retrouver un petit ouvrage en vers annamites qui raconte leur mort ; je l'ai traduit et je vous l'envoie.

» Quand le naturaliste, après de longs voyages, a pu découvrir sous les glaces du pôle ou sur les plages brûlantes de la zone torride quelques plantes rares et curieuses, quand l'astronome après de longues observations a pu apercevoir une étoile nouvelle, un météore inconnu dans les régions aériennes, ces savants font part de leurs découvertes à leurs compatriotes ; ils se glorifient d'avoir un peu élargi la sphère de la science.

» Or, j'ai aussi trouvé quatre plantes rares qu'un orage furieux a brisées, quatre fleurs dont l'odeur suave parfume la terre que j'habite, quatre astres qui ont jadis brillé d'une belle lumière, je vous fais l'hommage de ma découverte. »

Nous allons extraire les principaux passages de cette traduction à laquelle la plume très souple de Mgr Retord a bien conservé le génie de la langue annamite :

.*.

« Le ciel était pur, rouge et ardent, l'air était enflammé, les bienfaits du ciel étaient abondants, c'était comme la *pluie* du roi Nghiêu, comme le *vent* du roi Thuân [1].

» En haut la concorde régnait parmi les grands, en bas le peuple jouissait de la paix ; les temps étaient favorables et doux, et moi Thân-si, dans mon loisir solitaire, je prenais plaisir à considérer les exemples de vertus que nous ont laissés les saints des siècles passés. Soudain on entend du tumulte, la nouvelle se répand que quatre prêtres européens viennent prêcher la religion sur la terre annamite. De quelle joie furent transportés nos cœurs !

» Quatre Pères, hommes saints et magnanimes, envoyés par le Souverain Pontife, abordent nos rivages. Le premier, supérieur des trois autres, se nommait *Barthélemi*, homme plein de modestie et de vertus, de talents et de science, il possédait les cinq *Kings* et tous les *Sù* [2].

» Ces quatre Pères, s'abandonnant à la volonté du Seigneur, dirent adieu à leur patrie l'année *ât-meo* (1736), pour aller à la recherche des brebis errantes. Corps et âme ils se jettent dans les bras du Maître du Ciel. Sans redouter l'immense abîme, ils s'embarquent et l'œil fixé sur les étoiles, ils fendent les ondes écumantes, ils flottent sur la vaste étendue des eaux et ce n'est qu'après un an d'une pénible navigation qu'ils touchent la terre de Chine.

» Ah! les infortunés ! Il serait difficile de raconter tout qu'ils souffrirent sur ces rives inhospitalières : pris par les habitants, mis en prison, garrottés, examinés, interrogés le jour et la nuit.

---

1. Nghiêu, Thuân, deux rois chinois très célèbres. De là est venue cette manière de parler: pluie du roi Nghiêu; vent du roi Thuân, pour dire une grande abondance de bonnes choses. Le premier de ces rois vivait 2357 et le deuxième 2358 ans avant J.-C.

2. Les cinq *Kings* sont les livres où est enseignée la doctrine de Confucius. Le *Su* contient les annales des empereurs chinois. Il paraît que le P. Barthélemi avait étudié les caractères chinois avant de quitter l'Europe. (*Mgr Retord*).

Ce ne fut qu'après environ quatre mois de contradictions qu'il leur fut permis de faire voile pour Macao. Ils étaient remplis de sollicitude et d'amour pour la terre annamite. Aussi, bravant tous les dangers, ils résolurent de cingler vers nos bords.

» Lorsque tout fut prêt, ils se remirent en mer avec le maître Tri, jeune clerc tonkinois qui devait les introduire dans sa patrie. Un vent favorable enflait leurs toiles, et les flots battaient mollement les flancs du navire. En peu de jours, ils arrivèrent près de nos côtes. Aussitôt que le maître Xa[1] apprit cette nouvelle, il se rendit à bord du navire, afin de féliciter les quatre Pères et de les conduire à terre, la joie était grande; mais elle fut courte.

» Cependant les maîtres Tri, Nghiêm et Xa avaient déjà loué une grande barque avec un batelier. Les Pères y montent et ils arrivent en face de Trang-liêt. Mais, ô impénétrable volonté du Seigneur! A Rây, ils s'aperçoivent qu'ils sont en danger; des méchants les suivent, puis les prennent en flanc et pénètrent dans leur barque. Le maître Tri conjure les païens de s'éloigner. Vaines prières! ceux-ci amarrent au rivage la barque des Pères et crient de toutes leurs forces : « — Venez voir des maîtres de » la religion de Jésus de crainte que dans la suite on ne crie à la » calomnie. Venez voir, venez voir! »

» Les missionnaires étaient prisonniers.

» Le 22, à la tombée de la nuit, il arrivèrent à la ville royale: qui pourrait dire tout ce qu'ils souffrirent pendant ce voyage; enveloppés dans une natte, comme des morts, cahotés fortement par la marche précipitée de leurs porteurs, ne pouvant ni voir la lumière, ni respirer un air pur, ni s'entretenir entre eux... Mais pourquoi vouloir tout dire ce qui ne peut pas l'être?... »

---

1. Le maître Xa était, à ce qu'il paraît, un catéchiste attaché à la mission dans quelque maison de Dieu près de la mer, probablement dans la maison de Ké-Sât. Il faut dire de même du maître Nghiêu.

CHAPITRE VII

Mgr NÉEZ. — SES LETTRES AU ROI ET A LA REINE DE FRANCE
TENTATIVES D'ÉVANGÉLISATION AU LAOS

Le vicariat apostolique du Tonkin occidental était alors sous la direction de Mgr Néez, né à Verneuil en 1680, d'une famille de petits bourgeois. Son père, échevin de la ville, donna plusieurs fois dans cette charge des preuves d'un caractère énergique et d'un jugement droit; sa mère communiait chaque semaine, ce qui, en ce temps de rigorisme, laisse supposer une éminente piété; deux de ses frères embrassèrent l'état ecclésiastique. Le calme de sa parole, la gravité de son attitude, son application méthodique à l'étude étonnaient ses camarades qui, avec un sourire railleur, caractérisaient ainsi ces qualités d'un âge plus mur : « Tiens, disaient-ils en le voyant dans les rues de Verneuil, voilà le bonhomme Néez qui passe. »

Néez ne perdit jamais les qualités distinctives de son enfance et de sa jeunesse, il les développa, les perfectionna, leur donna plus de consistance et de solidité ; le bonhomme Néez devint homme, maître de soi, alliant la modération à l'énergie, la franchise à une grande habileté pratique.

Il fut supérieur de la mission pendant seize années, et ne fut nommé évêque de Céomanie et vicaire apostolique du Tonkin occidental qu'en 1739.

Lors de l'arrestation des Dominicains, Gil de Fédérich et Mathieu Leziniana, il éprouva de vives inquiétudes; mais il fut rassuré par un billet d'un frère du roi. Ce billet, assez banal de forme comme beaucoup de ceux qu'écrivent les Annamites, pouvait en certains cas servir de talisman contre les agissements des mandarins. Le voici textuellement traduit :

« Ma main et ma plume envoient mes très humbles respects au seigneur Père. J'apprends que le seigneur Père, par compassion pour son petit-fils, prie continuellement Dieu pour moi, je lui en ai de grandes obligations. Je prie le seigneur Père de continuer toujours à se souvenir ainsi de moi, afin que je puisse recevoir l'aumône de la vertu du seigneur Père. Je le salue très humblement. »

.* .

L'année suivante, le sixième frère du roi fit appeler un prêtre pour administrer les derniers sacrements à sa femme mourante, chrétienne depuis longtemps; il consentit même à régulariser la situation de l'infortunée qui, par faiblesse, avait continué à vivre en païenne avec un époux païen. A cette occasion, il entra en relations avec le vicaire apostolique. Accompagnant un jour le cortège royal qui passait près de la demeure épiscopale, il le quitta furtivement et vint saluer Mgr Néez; il se prosterna quatre fois devant lui, le front contre terre, au grand étonnement des assistants. Puis, il examina attentivement l'évêque, récemment frappé de paralysie, il promit de lui envoyer des remèdes et de faire construire un nouveau collège. Il n'eut pas le temps de réaliser ces intentions charitables. A peine était-il de retour dans sa maison, qu'il tomba dangereusement malade. Aussitôt il demanda le baptême, et le reçut avec des sentiments d'une vive foi.

Un autre frère du roi avait eu tous ses enfants baptisés et désirait vivement voir Mgr Néez. Ayant appris qu'il venait d'arriver dans un village voisin de Hanoï, il y courut, s'entretint avec lui pendant trois heures; puis, au sortir de cette entrevue, il lui envoya des présents. Un oncle du Chua, baptisé dans sa jeunesse, et trop longtemps oublieux de ses devoirs, fut ramené par les exhortations de Mgr Néez à la pratique de la religion.

On comprend que ces nombreuses relations du Vicaire apostolique et de ses missionnaires avec des princes du sang leur aient permis de jouir d'une tranquillité relative. Sans doute, les princes annamites, qui n'ont aucune part dans le gouvernement et ne remplissent aucune charge publique, ne pouvaient arrêter un édit de persécution ou empêcher une exécution capitale lorsque la sentence était portée; mais ils avaient sur les mandarins, préfets et sous-préfets, une certaine action due à la fortune et à leur situation, ils pouvaient aisément les faire consentir à modérer leurs perquisitions, à changer le sens de leurs rapports, à traiter les chrétiens avec bienveillance. On ne saurait cependant comparer l'influence qu'ils avaient et l'appui qu'ils donnaient à l'influence et aux services des princes en Europe; c'était la réflexion de l'évêque, et elle est très juste :

« Lorsqu'on lira en Europe qu'un neveu du roi régnant a été baptisé, que son père qui est le propre frère du roi est fort affectionné à la religion et aime les missionnaires, que l'oncle maternel du Chua du Tonkin envoie chercher le curé pour lui administrer les sacrements, on s'imaginera, sans doute, que la religion a présentement de puissants appuis du côté des hommes dans ce pays-ci; et on se trompera certainement. Ce sont, à la vérité, des amis de la religion, ce sont des espèces de disciples de Jésus, mais qui sont encore cachés *propter metum Judæorum*. Ainsi notre unique appui est le bon Dieu, qui n'abandonne pas ceux qui espèrent en sa miséricorde. »

De sa pauvre cabane, Mgr Néez écrivit à Louis XV avec cette sorte de culte que nos aïeux professaient pour la royauté et son représentant et que nous, hommes d'une autre génération, ne connaissons point au même degré. Il disait ses craintes de la grave maladie que le prince avait eue à Metz en 1745, sa joie de la guérison, et le saluait de ce titre de Bien-Aimé que la France entière lui avait décerné. En s'adressant à la reine, la pieuse

Marie Leczinska, l'évêque était plus prolixe, il lui parlait comme à une chrétienne fervente, comme à la reine d'un pays véritablement soldat de Jésus-Christ, et traçait avec une sorte d'épanchement le tableau de sa mission. Nous ne saurions mieux faire connaître l'état du Vicariat du Tonkin occidental au milieu du xviiie siècle qu'en citant cette lettre :

« Madame,

» L'odeur des vertus de Votre Majesté très chrétienne qui transpire jusque dans ces pays éloignés, et les bontés qu'elle témoigne pour l'ouvrage de nos Missions Étrangères, m'inspire la confiance de lui demander sa royale protection pour ce petit troupeau que la divine Providence a commis à mes soins. J'espère qu'elle ne l'en jugera pas indigne quand elle aura vu le récit abrégé que j'ose lui présenter.

» Le Vicariat occidental du Tonkin, qui comprend la moitié du royaume, depuis son commencement jusqu'à présent, a été gouverné successivement, sans interruption, par quatre Vicaires apostoliques français, du séminaire des Missions Étrangères. Mes trois prédécesseurs ont eu tous trois le bonheur de porter les fers pour la foi de Jésus-Christ. Le Seigneur ne m'a pas encore jugé digne de cet honneur.

» Le Saint-Siège ayant recommandé expressément à nos Vicaires apostoliques de s'appliquer particulièrement à l'éducation et à la formation du clergé des naturels du pays, ils ont cru ne pouvoir mieux faire que d'y employer tous leurs soins et tous leurs travaux. Le bon Dieu a bien voulu y donner sa sainte bénédiction, de sorte qu'ils ont pu élever au sacerdoce soixante-seize prêtres tonkinois, dont plusieurs ont généreusement confessé la foi devant les tribunaux infidèles, et deux en particulier ont été condamnés à finir leur vie dans les prisons de la ville royale où ils sont morts en odeur de sainteté. »

Il parlait ensuite des catéchistes et des séminaristes et terminait par l'exposé des travaux des religieuses Amantes de la Croix :

« Un autre objet qui ne peut pas manquer d'être agréable à Votre Majesté, c'est la communauté de vierges Amantes de la Croix de Notre-Seigneur Jésus-Christ. Ce sont de pauvres filles, au nombre d'environ quatre cents, qui, dispersées en une vingtaine de maisons, vivent de leur petit commerce et du travail de leurs mains, mènent une vie très pénible, très laborieuse et très pénitente, ne mangent jamais de viande que trois jours de l'année, et qui, en ce qui regarde l'essentiel de l'observance religieuse, c'est-à-dire dans les principales vertus de chasteté, pauvreté et obéissance, n'en céderaient en rien à la plus part de nos communautés religieuses d'Europe. Quant au nombre des chrétiens répandus dans mon vicariat, il se monte environ à cent vingt mille; mais, quelque considérable que paraisse ce nombre en lui-même, comparé aux infidèles qui restent encore à convertir, on peut dire sans exagérer que de cent parties, il n'y en a pas encore une de convertie. Nous serions bien contents, madame, si nous pouvions tranquillement employer nos petits travaux à continuer l'ouvrage dont nous venons de donner une légère esquisse à Votre Majesté. Mais, comme tout ouvrage de Dieu doit être marqué au coin des persécutions, l'ennemi de toute justice vient de nous en susciter une des plus violentes.

» De Votre Majesté,
» Le très humble et très obéissant serviteur et sujet,

» LOUIS,
Évêque de Céomanie,
Vicaire apostolique du Tonkin occidental. »

.·.

Sous son successeur, Mgr Reydellet, les missionnaires résolurent de commencer l'évangélisation du Laos. Ils y étaient poussés par leur ardeur pour la conversion des infidèles, et aussi par le désir de réaliser un projet dont les missionnaires s'entretenaient souvent dans leurs lettres et dans leurs conversations.

Connaissant mal le climat insalubre et les obstacles matériels d'un séjour prolongé dans les montagnes et les forêts de l'ouest, ils espéraient pouvoir y fonder, en dehors des atteintes du gouvernement annamite, des postes qui leur serviraient de refuges pendant les persécutions et un séminaire dont les élèves jouiraient de la tranquillité et de la paix nécessaire aux études.

Situé entre l'Annam, le Cambodge, le Siam, la Birmanie et la Chine, le Laos comprend une superficie d'au moins 500,000 kilomètres carrés couverts de nombreuses forêts, arrosés par de grands fleuves.

Le pays est très montagneux, très accidenté et exposé à de fréquentes inondations. Il est habité, en grande partie, par une population appartenant ainsi que les Siamois à la famille Thaï, et désignée par les Birmans sous le nom de Chan. Dans l'est, près du Tonkin et de la Cochinchine, sur les hauts plateaux, habitent les tribus sauvages connues sous la qualification générique de Moïs et portant les noms différents de Phouon ou Phouen, de Tho, de Samma, de Mili, de Xa, etc.

* *

Si nous étudions leur religion, nous voyons que les Laotiens sont bouddhistes, mais d'un bouddhisme peu orthodoxe, mêlé de toutes sortes de pratiques superstitieuses; ils croient aux sorts, aux présages, aux esprits, aux démons auxquels ils font de nombreux sacrifices; ils ont des sorciers dont le rôle est très souvent rempli par une femme, qui conjure les esprits en dansant jusqu'à tomber de fatigue dans une crise nerveuse. Afin d'éloigner les génies malfaisants, ils construisent de petits fétiches en bambou ou en rotin et les posent à la porte d'entrée de leur enclos ou sur une perche plantée au bord du chemin. Quand ils sont en voyage, ils font près de leurs campements des fétiches avec quelques rotins croisés en treillis.

Chez les Moïs, il n'y a pas de religion proprement dite, si par religion on entend un corps de doctrine avec ses dogmes et ses mystères transmis par un enseignement régulier. Tout se borne à un ensemble de superstitions extrêmement nombreuses, qui enserrent l'homme dans les actes de son existence entière. C'est, en somme, le fétichisme animiste, le culte des esprits et des morts, la crainte des forces naturelles, la croyance à une autre vie, et plus ou moins vaguement à une puissance supérieure.

⁎

En 1771, Mgr Reydellet chargea deux catéchistes d'aller explorer le pays, de s'enquérir des dispositions des habitants et de choisir un village convenable à une première fondation; en même temps il demanda au Saint-Siège juridiction sur le Laos.

La réponse de Rome fut favorable, et Mgr Borgia, secrétaire de la Propagande, écrivit à l'évêque le 17 janvier 1773 que le Pape étendait ses pouvoirs sur le Laos sans cependant l'annexer à la mission du Tonkin occidental.

Lorsque cette lettre arriva, les catéchistes, envoyés par Mgr Reydellet, étaient de retour de leur voyage d'exploration. Ils étaient partis de la province de Nghe-an, avaient remonté le Song-ca d'abord et ensuite son affluent le Song-con; ils avaient visité une partie du Trân-ninh que les missionnaires de cette époque appellent le Petit Laos par opposition au Grand-Laos ou Laos-chau qui est situé plus au nord. Ils racontèrent qu'ils avaient trouvé quelques chrétiens tonkinois réfugiés dans les montagnes pour échapper à leurs créanciers, que plusieurs tribus étaient en guerre, mais que dans le Trân-ninh, de nombreux habitants leur avaient promis d'embrasser la religion, s'ils venaient se fixer parmi eux. Le voyage les avait d'ailleurs extrêmement fatigués, et ils priaient Mgr Reydellet de leur permettre de se reposer pendant plusieurs mois avant de repartir.

⁎

On ne pouvait attendre davantage d'une première tentative confiée à deux catéchistes; il restait à envoyer un missionnaire européen pour juger en dernier ressort de la situation, et savoir s'il était possible de fonder un établissement stable. Malheureusement des troubles civils et religieux venaient d'éclater au Tonkin; ils ne laissaient pas à l'évêque les hommes, le temps, les ressources et la liberté indispensables à toute fondation nouvelle. Si la mission eût été établie, on eût pu la continuer; mais l'inaugurer en pleine tourmente était impossible.

CHAPITRE VIII

TROUBLES CIVILS ET RELIGIEUX

Les troubles civils et religieux qui agitaient le Tonkin avaient commencé en 1765. En cette année, le Chua de Cochinchine, Vo-Vuong, déshérita son fils aîné et désigna pour lui succéder un autre de ses fils Dué-tong, né d'une femme de second rang. Un ambitieux vulgaire, Phuoc, sans autres talents que ceux de l'intrigue, prit en main le pouvoir, s'empara de l'héritier légitime qui mourut en prison, et gouverna sous le nom du nouveau prince. Sa conduite hautaine et vexatoire provoqua un mécontentement général, une étincelle jaillit et alluma le feu de la guerre civile. Dans la province du Binh-Dinh, deux frères Nhac et Hué et un de leurs parents, Lu, profitèrent de l'impopularité de Phuoc pour lever l'étendard de la révolte. A la tête d'une bande de voleurs grossie des séditieux, ils s'emparèrent de la ville de Qui-Nhon. Sur leurs étendards, ils avaient mis cette inscription : Tây-Son, montagnards de l'Ouest, et c'est pour cette raison qu'eux et leurs partisans furent désignés par ce nom et que leur révolte le porte également.

Dans l'espoir de se délivrer de la tyrannie du régent et de chasser les Tây-Son, des mandarins cochinchinois demandèrent du secours au roi du Tonkin, et surtout au Chua, Trinh-Sum, plus maître que le souverain. C'était ouvrir la porte à d'ambitieuses espérances. Depuis plus d'un siècle, en effet, les Trinh essayaient d'établir leur domination personnelle sur la Cochinchine en anéantissant celle des Nguyên. Une armée tonkinoise marcha donc aussitôt sur Hué, prétendant aller au secours de Dué-Tong, et en réalité préméditant de s'emparer du pays.

Elle fut battue et les Tây-Son, poursuivant le cours de leurs exploits, envahirent le Tonkin et, sous le commandement d'un des leurs, Hué, s'emparèrent de Hanoï.

Puis leur chef se mit en règle avec la Chine qui, à l'appel du roi du Tonkin, avait argué d'un droit fort hypothétique de suzeraineté; il donna de grosses sommes au vice-roi du Yunnan, qui protesta des bonnes intentions des rebelles, il envoya de riches présents à la cour de Pékin et ses droits furent reconnus. L'or arrangea tout, c'est un agent bien supérieur aux diplomates de carrière.

L'empereur de Chine déclara que, dans le fait même de l'échec du roi d'Annam, dans la perte du sceau royal et des lettres d'investiture, il y avait une preuve certaine que le ciel s'était prononcé contre la famille Lê, qui désormais ne pourrait plus régner.

L'arrêt impérial a été confirmé par les événements; la dynastie des Lê s'est éteinte sans reconquérir le trône, elle avait duré 361 ans et donné 27 rois à l'Annam.

C'est sous l'un de ses rois, Lê-Thân, que le christianisme s'était implanté définitivement dans l'Indo-Chine orientale. Il y avait été tantôt assez favorablement traité, tantôt proscrit, jamais franchement accueilli, moins encore ouvertement protégé; mais il serait injuste de faire porter la responsabilité directe de cet état de choses aux Lê dont la puissance était déjà, à cette époque, complètement absorbée par celle des Nguyên en Cochinchine et des Trinh au Tonkin.

Vigoureuse à ses origines, cette race s'était peu à peu affaiblie et laissé dominer; enfin, après avoir perdu tout pouvoir et tout prestige, l'exil seul lui resta. C'est trop souvent le sort des dynasties qui tombent; la terre, qui a vu leur grandeur, ne semble pouvoir supporter leur infortune; on dirait que, pour s'endormir

du grand sommeil de la mort et disparaître de la scène du monde, où elles ont joué le premier rôle, elles ont besoin du théâtre de de leur gloire, au milieu des solitudes d'une contrée étrangère. Pour seule consolation, la Providence, qui semble les rejeter, leur permet de mourir en s'enveloppant dans les plis du drapeau, tenu par quelques partisans toujours rares de l'infortune et du malheur.

Pendant ces guerres et avant que les Tây-Son ne fussent devenus maîtres de Hanoï et que le gouvernement des Lê n'eût été renversé, un dominicain espagnol, le P. Hyacinthe Castaneda et un dominicain tonkinois, le P. Vincent Liêm avaient encore illustré par leur martyre les Annales de l'Eglise du Tonkin.

Le 5 août 1773, le P. Hyacinthe Castaneda allait voir un malade, un infidèle l'aperçoit, le dénonce et le fait saisir. Le mandarin chargé de la conduite de cette affaire se contente d'abord d'exiger une forte rançon, fait enfermer le prisonnier dans une cage et ordonne de l'exposer ainsi aux ardeurs du soleil. Il espérait, par ce moyen, amener les chrétiens à lui offrir une somme d'argent considérable. Soit que le P. Castaneda eût défendu de le faire, soit qu'on ne voulût pas exciter la cupidité des persécuteurs, personne ne se présenta.

Pas d'argent, pas de justice! Le mandarin poursuivit les chrétiens, fit d'actives recherches, et, le 3 octobre, s'empara du dominicain tonkinois, nommé Vincent Liêm; il porta ensuite ses plaintes au roi, et accusa les missionnaires d'être des chefs de rebelles.

Ce mensonge produisit son effet : le roi, saisi de crainte et fureur, ordonna de conduire aussitôt les coupables devant lui.

Le 27 octobre, les deux missionnaires, toujours enfermés dans leurs cages, furent transportés à la capitale et quelques jours après décapités.

La couronne sanglante de l'Eglise du Tonkin devait bientôt s'orner de nouvelles fleurs.

Les Tây-Son, qui d'abord n'avaient pas inquiété les chrétiens, changèrent de conduite.

Le 28 août 1798, un prêtre indigène, le P. Jean Dat fut décapité.

La tête des missionnaires fut mise à prix à cent ligatures. Le P. Vinh se sauva dans les forêts des environs de Ké-Bang; quelques païens, l'y ayant vu seul, eurent pitié de lui, l'accueillirent dans leur maison, jusqu'à ce que les chrétiens fussent en état de lui offrir un asile. Le P. Tan s'échappa dans les bois à plus d'une demi-journée de Huong-Phuông. Le P. Chieu, le plus ancien des prêtres indigènes, s'enfuit en Cochinchine, se faisant passer pour médecin, et le P. Hanh se déguisa en marchand d'arec; mais il joua mal son rôle, fut découvert et obligé de prendre la fuite.

M. Guérard creusa avec ses mains, dans la falaise de Xom-Che, une petite grotte d'environ quatre pieds de long sur deux de large, il fit le toit avec ses vêtements suspendus à trois petits arbrisseaux et demeura caché dans cet asile. Un jeune homme, le seul qui connût son refuge, lui apportait le riz nécessaire à sa nourriture.

Cette situation ne désespérait pas les missionnaires; elle arrêtait même beaucoup moins leurs travaux qu'on ne l'eût pu supposer.

.*.

Le 22 décembre de cette même année, le Vicaire apostolique du Tonkin occidental, Mgr Lamothe, sortit de sa cachette pour faire une ordination qui fut l'occasion d'un péril gaiement évité. Malgré toutes les précautions, le secret avait été mal gardé. Les satellites, avertis de la présence de l'évêque, réussirent à le prendre; ils lui lièrent les mains; puis le chef de la bande, tout en menaçant de le livrer aux mandarins, ne négligea pas d'insinuer que ses sentiments d'humanité pourraient le porter à mettre le captif en liberté moyennant trois cents onces d'argent. Les chrétiens du village n'avaient pas pareille somme à leur disposition; ils demandèrent la permission d'aller faire une collecte dans les paroisses voisines. Les soldats y consentirent et promirent d'attendre; mais bientôt, craignant une reprise, ils changèrent d'avis et partirent avec leur prisonnier pour le prétoire.

« Sur la route, raconte le coadjuteur de l'évêque, les satellites ne laissaient approcher aucun homme; mais, cédant aux instantes prières des femmes chrétiennes, ils me permirent de me reposer dans une maison isolée sur le bord du fleuve. Cette maison appartenait à des néophytes qui proposèrent de nous donner à dîner, pendant que le chef des satellites était allé chercher le bac. Le passeur, un bon chrétien, eut la prudence de le couler à fond.

» Bientôt arrivèrent un grand nombre de femmes, qui embarrassaient fort les trois satellites, et presque en même temps plusieurs hommes armés firent jouer de gros bâtons sur le dos de mes gardiens. Ceux-ci, ne pensant plus qu'à chercher leur salut dans la fuite, me laissèrent libre; je sortis de la maison comme en triomphe; un palanquin m'attendait, et je fus transporté sur les montagnes aux acclamations d'un grand nombre de néophytes accourus à mon secours par des routes détournées. Ils arrêtèrent cinq satellites qu'ils forcèrent de rendre mes effets. »

Les battus paient quelquefois l'amende, au Tonkin comme ailleurs. Les chrétiens ne se tirèrent pas de cette affaire sans débourser un peu d'argent; mais les satellites portèrent la cangue plus de trois mois et dépensèrent quinze cents piastres pour sauver leur vie.

Ils ne furent pas les seuls à se repentir d'avoir essayé d'arrêter des missionnaires.

Des pirates s'emparèrent de Mgr Longer et exigèrent, pour le relâcher, une forte somme d'argent; sinon, disaient-ils, ils le livreraient aux mandarins. Instruit de l'arrestation de l'évêque qu'il aimait et estimait, le gouverneur de la province forma une escouade de soldats chrétiens et leur donna ordre de le délivrer. Ceux-ci s'empressèrent d'obéir; ils tombèrent à l'improviste sur les brigands, les battirent, les firent prisonniers et les conduisirent enchaînés au tribunal. Le mandarin accabla les captifs de reproches sur leur piraterie, il les dénonça au vice-roi comme perturbateurs du repos public, et, après les avoir retenus quelques semaines, leur fit donner une forte bastonnade, qui, à l'avenir, les rendit plus prudents même envers les proscrits étrangers.

*.

Tous les mandarins n'avaient pas les sentiments de ce gouverneur. M. de la Bissachère s'était retiré sur un îlot montagneux, éloigné de quatre heures de barque de la côte et, disait-on, habité par le diable. Il y faisait, selon son expression, « société avec les oiseaux de proie », et était nourri par des pêcheurs qui, tous les dix ou douze jours, lui apportaient du riz; il resta sept mois dans cet asile. Lorsque les mandarins le surent, ils envoyèrent dix-sept barques et trois cents soldats faire le blocus de l'île et interdirent, sous peine de mort, au chef du port de mer le plus proche, de laisser sortir aucune barque de commerce ou de pêche. Au milieu d'une nuit sombre, plusieurs compagnies descendirent à terre le fusil à la main et la mèche allumée; elles firent le tour de l'île, essayèrent de gravir la montagne hérissée de rochers et de buissons d'épines, pendant que d'autres cherchaient un second point de débarquement. A ce moment même, sur le sommet de l'îlot, M. de la Bissachère célébrait la messe, offrant à Dieu sa vie pour la persévérance des chrétiens et la conversion des païens. Le saint sacrifice achevé, il fit ses recommandations à ses catéchistes :

« — Allez voir de quel côté viennent les soldats, leur dit-il, et lorsque vous vous en serez assurés, fuyez du côté opposé. Quand je serai arrêté, on ne vous cherchera plus, vous reviendrez prendre les objets du culte et tout ce que j'ai caché ici. Vous retournerez ensuite sur le continent, et vous prierez un prêtre indigène, de venir, déguisé en mendiant, me donner l'absolution au sortir d'un de mes interrogatoires. »

Ces précautions furent inutiles. Les soldats débarqués renoncèrent bientôt à leur pénible ascension, déclarant le lieu inhabitable; ceux qui étaient restés sur leurs jonques, secoués par la tempête et éprouvés par le mal de mer, partagèrent leur avis. Furieux de leurs peines et de leur déconvenue, les mandarins s'en prirent à l'accusateur, qui, menacé d'être jeté en prison, se cacha pendant un mois. A son retour, les pêcheurs et les commerçants, sous l'impression de la perte que leur avait causée la défense de sortir du port, l'obligèrent à leur donner un dédommagement considérable.

CHAPITRE IX

GIA-LONG ET MINH-MANG. — LE DÉBUT DES GRANDES PERSÉCUTIONS

Cependant une nouvelle dynastie, celle des Nguyên, venait de s'emparer du trône des Lê et de réunir sous son sceptre l'Annam tout entier (Cochinchine et Tonkin). Son chef, Gia-long, avait dû sa victoire définitive à un évêque français, le vicaire apostolique de la Cochinchine, Mgr Pigneau de Behaine, qui vint à Paris demander des secours pour le prince fugitif, et conclut le traité de 1787 qui fut le premier pas de la France vers la conquête de l'Indo-Chine.

Pendant son règne, qui dura jusqu'en 1820, Gia-long se montra moins favorable aux missionnaires et au catholicisme qu'on ne l'avait espéré, que la simple reconnaissance ne lui en faisait un devoir.

Ainsi, le 4 mars 1804, il publia un édit dans lequel il s'exprimait à l'égard du catholicisme en termes méprisants :

« Quant à la religion des Portugais, disait-il, c'est une doctrine étrangère qui s'est furtivement introduite et maintenue jusqu'à présent dans le royaume, malgré tous les efforts qu'on a faits pour déraciner cette superstition. L'enfer, dont cette religion menace, est un mot terrible dont elle se sert pour épouvanter les imbéciles ; le paradis, qu'elle promet, est une expression magnifique pour amorcer les niais. »

Ces paroles injurieuses ne changèrent cependant rien à la situation des chrétiens. Les villages, bien disposés, continuèrent à s'arranger à l'amiable avec eux pour l'exemption des contributions superstitieuses; les autres, toujours hostiles, en profitèrent pour leur extorquer de grosses sommes d'argent; de leur côté, les gouverneurs de province se firent payer l'autorisation de restaurer les églises et même d'en construire de nouvelles.

Gia-long savait cette infraction à ses ordres, il fermait les yeux, arrêté dans la voie des rigueurs par la reconnaissance médiocre mais réelle, qu'il garda toute sa vie pour Mgr Pigneau de Béhaine et par son sens politique trop aiguisé pour ignorer le mal qu'une guerre religieuse causerait à son peuple.

.*.

Son fils et successeur Minh-mang ne marcha pas sur ses traces et mérita le surnom de Néron annamite. Il détestait et craignait les Européens, et, dès le début de son règne, il manifesta ses sentiments.

Il reçut assez mal une ambassade anglaise envoyée par le gouverneur général du Bengale et conduite par John Crawford. Les officiers français eux-mêmes, au dévouement et à l'habileté desquels son père avait dû le trône, ne furent pas mieux accueillis. M. Chaigneau, l'un des plus distingués parmi eux, était revenu en France en 1819. En 1823, il repartit pour Hué avec les titres d'agent de France auprès du roi de Cochinchine, de consul et de commissaire du roi pour la conclusion d'un traité de commerce.

Il emportait aussi des présents et une lettre de Louis XVIII pour le roi d'Annam; il ne put réussir dans aucune de ses négociations, et le mandarin des étrangers écrivit à notre ministre de la marine une lettre, où la volonté de ne pas avoir de relations avec la France perce dans chaque mot.

« Les frontières du royaume d'Annam, disait-il, sont situées aux extrémités du midi et celles de la France aux extrémités de l'occident, les limites des deux États sont séparées par plusieurs mers ou par une distance de plusieurs milliers de lieues. Les habitants de notre pays peuvent rarement arriver jusqu'au vôtre... Si vos concitoyens désirent commencer dans notre royaume, ils se conformeront aux règlements comme cela est raisonnable; d'ailleurs, ils ne feront aucun gain, car notre pays est très pauvre. »

En 1824, M. Courson de la Ville-Hélio, commandant la *Cléopâtre*, mouilla à Tourane ; le roi refusa de le recevoir. En 1825, MM. Chaigneau et Vannier, les deux derniers survivants des compagnons de l'évêque d'Adran, se voyant en butte à la jalousie des grands mandarins et à la haine du prince, durent revenir en France et abandonner cette terre d'Annam dont ils avaient fait leur seconde patrie.

Un peu plus tard, le capitaine de Bougainville, commandant la *Thétis*, parut dans le port de Tourane ; il apportait une lettre de Charles X. Minh-mang se contenta de lui envoyer des présents, d'ordonner à ses mandarins de le traiter avec honneur quand il descendrait à terre ; mais il refusa de recevoir la lettre « du roi de France, sous prétexte que cette lettre était écrite en français, et que personne ne pouvait la lui traduire. »

∗∗∗

Il tenait une conduite analogue envers les missionnaires; beaucoup parmi ses courtisans le poussaient dans cette voie.

Un jour, l'un d'eux lui cita l'exemple des princes japonais qui avaient détruit la religion catholique à force de supplices.

« — Laissez-moi faire, répondit le roi. J'ai mon plan qui est bien meilleur. »

Ce plan fut bientôt connu. Il consistait en deux opérations principales : fermer absolument l'entrée de l'Annam aux nouveaux missionnaires, appeler à la cour ceux qui étaient déjà dans le royaume et les mettre dans l'impossibilité de remplir leur ministère.

Le roi espérait qu'en enlevant les pasteurs, le troupeau serait vite dispersé.

Quoi qu'en pensât Minh-mang, son plan n'était pas d'un succès certain ; il supposait trop facilement que les prédicateurs de l'Evangile ne pénétreraient pas dans son royaume ; or l'indolence des Annamites ne pouvait lutter avec avantage contre le zèle des prêtres catholiques. Surveillés ou arrêtés sur un point, les apôtres renouvelleraient sur un autre une tentative qui serait plus heureuse.

.*.

La vénalité des mandarins, plus désireux d'obtenir de l'argent, que de satisfaire leur haine, devait aussi entrer en ligne de compte. Pourvu qu'ils y missent le prix, les missionnaires étaient sûrs qu'au moins, de temps à autre, les gardiens des côtes et des ports fermeraient les yeux. A défaut des Européens, les prêtres indigènes étaient assez nombreux et assez bien formés pour empêcher la ruine de l'Eglise du Tonkin. Par là même, le plan de Minh-mang croulait comme un château de cartes. Dans leurs conceptions, les ennemis du catholicisme oublient toujours une chose, sans doute parce qu'ils en ignorent la valeur : la foi, qui veut et cherche avant tout le salut des âmes et, pour l'obtenir, jette l'or sans compter, brave les périls et se rit de la mort.

Le grand édit de persécution parut en 1833, le 6 janvier. Il se terminait par ces mots :

« Dorénavant, si quelqu'un est reconnu ou accusé comme professant ces abominables usages (des chrétiens), il sera puni avec une souveraine rigueur, afin de détruire par là cette religion, jusqu'à sa dernière racine. »

.*.

Quand ces dispositions furent connues du public, « la terre parut trembler sous les pieds des chrétiens, écrit M. Retord ; les églises, les presbytères, les collèges disparurent ; tout fut caché soigneusement pour être relevé dans des temps meilleurs. » Les missionnaires se blottirent dans les réduits les plus vils, les plus profonds et les plus solitaires.

« C'est avec beaucoup de plaisir, écrivait Mgr Delgado à un prêtre français du Tonkin Occidental, que j'ai reçu votre aimable lettre dans mon domicile accoutumé, où depuis plusieurs mois je suis obligé de rester caché, à cause des craintes que nous éprouvons le jour et la nuit; car les prêtres indigènes seuls peuvent visiter quelques parties de leur district, mais secrètement et avec beaucoup de prudence et de précaution. Pour nous autres Européens, il nous est impossible, dans ce Vicariat, de sortir sans un danger prochain de tomber entre les mains de nos ennemis, qui, poussés par l'amour de l'argent plus que par la haine de la religion, font des recherches partout, même dans l'intérieur des maisons, pour prendre quelques Européens.

» Vous devez comprendre par là quel plaisir votre lettre a causé à votre ami, déjà vieux et infirme, qui, pour éviter de plus grands maux, reste enfermé dans une prison volontaire, où il exerce comme il peut les devoirs de sa charge, attendant avec anxiété la paix et la tranquillité de ce malheureux royaume. Il n'y a pas de paix tant que l'injustice y régnera, comme elle y règne maintenant, parce que, selon la parole de Dieu, l'injustice rend les peuples malheureux. »

⁂

Le premier martyr qui paya de sa vie l'obéissance des mandarins à l'édit de Minh-mang fut un prêtre tonkinois, le P. Pierre Tuy.

Il était allé porter les derniers sacrements à un malade du village de Thanh-Trai, habité par un petit groupe de chrétiens perdus au milieu des infidèles; il y fut arrêté par les satellites qui le conduisirent au mandarin. On essaya de le racheter, mais le sous-préfet mit pour condition que le prêtre déclarerait qu'il était médecin.

Le P. Tuy se refusa à ce mensonge et fut transféré dans la capitale de la province.

Malgré ses soixante ans, on lui imposa la cangue et on le mit en prison.

Quelques jours plus tard, le préfet l'appela et l'interrogea :

« — Es-tu prêtre chrétien ?

» — Oui, je suis prêtre chrétien.

» — Es-tu chef de religion ?

» — Je suis chef de religion, mais d'autres sont au-dessus de moi.

» — Ecoute, tous ceux qui te voient sont émus de compassion, personne ne veut te condamner à mort, nous ne le voulons pas non plus ; fais-moi donc un écrit pour me déclarer que tu es médecin, alors nous pourrons te sauver ; ne crains-tu pas la mort ?

» — Je ne la crains pas, et quelle qu'elle soit, peu m'importe ; tout le monde doit mourir ; que l'on meure doucement dans son lit, que l'on soit dévoré par le tigre ou par les poissons, percé de lances, décapité, coupé en morceaux, il faut toujours mourir ; pourquoi donc craindrais-je la mort ? »

Il fut reconduit en prison où il demeura trois mois, aimé de tous, des mandarins, des soldats, des autres détenus.

« Hélas ! disaient ces derniers, incarcérer et traiter comme un scélérat un homme d'une si grande douceur et d'une si belle vertu, n'est-ce pas un crime ? »

Interrogé plusieurs fois, n'ignorant pas la bonté du mandarin auquel il répugnait de frapper un vieillard, il persista à dire qu'il était prêtre.

Les magistrats prévinrent de son arrestation le conseil royal. Mais leur rapport très bienveillant permettait d'espérer que quelques barres d'argent suffiraient pour obtenir la libération du captif ; cette issue semblait d'autant plus probable, que les lois annamites défendent de mettre à mort toute personne âgée de soixante ans et au-dessus.

Ces prévisions furent déçues ! Pierre Tuy inaugura dans les missions du Tonkin, au xixe siècle, l'ère glorieuse du martyre qui devait se prolonger pendant tant d'années,

Le roi, heureux de trouver l'occasion d'assouvir sa haine contre le nom chrétien, répondit le 10 octobre au rapport des mandarins :

« Tuy a déclaré être prêtre et enseigner au peuple la religion catholique, il doit être décapité. »

* *

Le 11 octobre, de grand matin, on le conduisit au supplice. Il s'y rendit comme à une fête, marchant avec un visage si gai et si radieux que les mandarins, les soldats et la foule immense des spectateurs disaient n'avoir jamais vu un homme aller si vaillamment à la mort.

Au marché de Quan-Ban où devait avoir lieu l'exécution, un chrétien étendit des nattes sur lesquelles devait s'agenouiller le prêtre.

Tout d'un coup, chose qui frappa vivement les témoins, le soleil se couvrit d'épais nuages, et les assistants de se demander : « — Qu'y a-t-il de divin en cet homme, pour que le ciel s'obscurcisse ? »

« — Mon fils, demanda le martyr au chrétien Bernard Thu, indique-moi l'Orient. »

Le fidèle fit un geste, et Pierre Tuy se mit à genoux le visage tourné de ce côté.

Bernard exprima le désir qu'on voulût bien laisser le prêtre réciter ses prières :

« — Oui, répondit le mandarin, et quand il aura terminé, tu viendras me prévenir. »

Puis il offrit au P. Tuy quelques sapèques, que le roi, selon la coutume, donne aux condamnés pour acheter un peu de nourriture ou du vin. Le confesseur les refusa et continua sa prière qui fut assez longue.

Quand elle fut achevée, Bernard Thu se prosterna en disant :

« — Je salue le Père. Il lui est maintenant donné d'aller au séjour de la félicité qu'il a si longtemps désiré. Moi, qui reste dans cette vallée de larmes, je prie le Père de se souvenir de moi.

« — Mon fils, répondit le martyr, sois courageux; tu seras récompensé. »

Quatre fois le chrétien se prosterna, et quatre fois le prêtre lui fit la même réponse; il ajouta ensuite:

« — Tout est prêt. »

Les cymbales résonnèrent et un soldat trancha la tête au P. Tuy.

CHAPITRE X

MARTYRE DE M. CORNAY ET DE XAVIER CAN

Les missionnaires français ne devaient pas être moins privilégiés que les prêtres tonkinois et eux aussi eurent le bonheur de verser leur sang pour Jésus-Christ.

Le premier Français arrêté au Tonkin fut Jean-Claude Cornay, du diocèse de Poitiers. Voici en quelles circonstances.

Un chef de pirates avait été chassé de Bau-nô, province de Son-Tay, et ensuite fait prisonnier. Pour se venger du village qui l'avait expulsé, il le dénonça comme recélant, contrairement aux édits, un prêtre européen, qui était M. Cornay. Les mandarins, assez bienveillants en ce moment, refusèrent de recevoir la plainte.

Les Annamites ont l'imagination féconde ; les mensonges, les faux témoignages leur sont familiers, les histoires inventées de toute pièce ne leur coûtent rien.

La femme du condamné se présenta d'abord au missionnaire, sous le spécieux prétexte qu'elle voulait embrasser le catholicisme ; puis, sûre de la présence du prêtre à Bau-nô, elle imagina contre lui une calomnie fort grave et la voulut appuyer sur des faits.

Pendant une nuit, elle enfouit des armes près du presbytère, et alla ensuite accuser le village d'être le foyer d'une insurrection fomentée par un prédicateur étranger. Le gouverneur, qu'il crût ou non la chose vraie, ne pouvait refuser de recevoir l'accusation; il envoya donc un général faire le blocus de Bau-nô, et le 28 juin 1837, quinze cents soldats, renforcés de trois cents païens, cernèrent la chrétienté et l'occupèrent militairement.

Le maire, un catholique, fut sommé de livrer les armes et de nommer les chefs de la révolte. Naturellement il nia les faits; mais, lorsque les païens apportèrent les piques et les lances qu'ils avaient cachées quelques jours auparavant, lorsque les mandarins ordonnèrent de le frapper, le malheureux avoua tout ce qu'on voulut, et dénonça le missionnaire. Celui-ci était à quelques pas de là, caché dans un épais buisson; le maire, ignorant l'endroit précis, n'avait pu l'indiquer. Les soldats commencèrent une battue générale et arrivèrent bientôt près du fugitif.

.'.

L'apôtre a lui-même raconté les détails de son arrestation et des premiers jours de sa captivité :

« Quand je vis pénétrer dans mon buisson les longues lances armées de fer, je sortis de ma cachette et me livrai aux soldats. On coupa aussitôt une liane, et pendant qu'on m'attachait les bras derrière le dos, je m'offris à Jésus garrotté.

» Conduit aussitôt devant le mandarin, j'y fus décoré d'une belle cangue. Après avoir été longtemps exposé aux ardeurs du soleil, je m'assis et attendis patiemment ce qu'on ordonnerait de moi.

» Vers les cinq heures, voyant mon jeûne se prolonger, je demandai au mandarin un peu de riz, et il m'en fit donner trois cuillerées qui furent toute ma réfection. Ainsi se termina cette première journée.

» Le lendemain, on ôta ma cangue pour me faire entrer dans une cage provisoire, confectionnée à la hâte avec des bambous, à l'exception des quatre angles qui étaient en bois. Puis on se mit en marche. Arrivés au lieu du coucher, les mandarins se retirèrent dans un temple, mais la cage resta en bas. Ce fut ainsi que je passai ma seconde nuit, en plein air.

» Le jeudi, 22 juin, le convoi repartit au point du jour ; pendant le trajet, je priais, je lisais, chantais et causais tour à tour, en sorte que tout le monde vantait ma gaîté.

» Ma cage, portée par huit hommes et ombragée à l'aide de mon tapis d'autel, occupait le milieu. Ce fut ainsi qu'on arriva au relais d'une préfecture. Je fus déposé devant un mandarin qui commença par me dire de chanter, parce que mon talent en ce genre était déjà renommé. J'eus beau alléguer que j'étais à jeun, il fallut chanter. Je déroulai donc toute l'étendue de ma belle voix, desséchée par une espèce de jeûne de deux jours et demi, et leur chantai ce que je pus me rappeler des vieux cantiques de Montmorillon. Après cela, on me donna à manger.

» Enfin, nous arrivâmes au chef-lieu de la province de l'ouest, dite Doai. Je fus déposé devant l'hôtel du gouverneur général, et là encore, pour obtenir à dîner, il me fallut chanter un couplet à la Sainte Vierge.

» Bientôt parut la grande cage que je devais définitivement habiter. Sorti de la première, j'eus les bras liés, et de plus, je fus enchaîné. »

Instruit aussitôt de cette capture et interrogé sur ses projets à l'égard de M. Cornay, Minh-Mang répondit qu'il remettait le jugement aux mandarins.

Le 20 juillet, les interrogatoires commencèrent et se renouvelèrent uniformes et fastidieux ; on voulait absolument que le prisonnier s'avouât coupable du crime de rébellion.

« Non, répondait-il, ce n'est pas, et j'aime mieux souffrir tous les tourments que d'avancer une calomnie et de me sauver par un mensonge. »

Le 11 août, il reçut cinquante coups d'un rotin garni de plomb à l'extrémité. Huit jours plus tard, on essaya de le traîner sur la croix ; rapidement il la prit de ses deux mains et la baisa pieusement. Il reçut soixante-cinq coups de rotin, et l'on brisa trois verges sur sa chair.

Enfin, il fut condamné à mort par les mandarins et la sentence fut ratifiée par le roi.

Le pieux confesseur avait un extrême désir d'être fortifié par une dernière absolution et par la réception de l'Eucharistie; aucun prêtre n'ayant réussi à arriver jusqu'à lui, il en exprima ses regrets par ces belles paroles:

« O mon Dieu, contrition pour confession, mon sang à la place de l'extrême-onction. Je ne me sens la conscience chargée d'aucun péché grave; pour cela, cependant, je ne me crois pas justifié. Mais Marie m'obtiendra la contrition et le sabre me fera l'onction. »

Il fut décapité le 20 septembre 1837, à quelque distance de la forteresse de Son-tay. L'édit royal prescrivait de le couper en morceaux. Ce supplice, réservé aux criminels d'Etat, consiste à trancher d'abord les bras et les jambes, ensuite la tête, et enfin à fendre le tronc en quatre. Par humanité, le mandarin commandant changea le mode d'exécution, et ordonna aux bourreaux de trancher premièrement la tête. Les membres furent coupés ensuite. Sur le lieu même de la mort, le courage du martyr reçut un premier et horrible hommage. Les Annamites croient que manger le foie d'un homme intrépide rend plus vaillant; un des bourreaux arracha donc le foie de la victime, en mangea une partie, pendant que celui qui avait tranché la tête léchait son sabre rouge de sang.

Un mois plus tard, un jeune catéchiste, Xavier Can que les lettres de Mgr Retord ont rendu célèbre, mourait à son tour sous le glaive du bourreau.

Le 19 avril 1836, M. Retord, alors simple missionnaire, avait appelé son catéchiste:

« — Va à Ké-chuong parler au maire qui est chrétien, lui dit-il. Demande-lui si le P. Tuan ne pourrait pas passer un jour ou deux chez lui pour faire l'administration de la paroisse. Tu iras ensuite à Ke-vac, et tu transmettras la réponse au Père. »

Xavier Can partit. Il alla trouver le maire qui lui donna une réponse affirmative, et se dirigea ensuite vers Ke-vac pour avertir le prêtre annamite.

Celui-ci n'y était plus. Ayant appris que les païens connaissaient sa présence et voulaient l'arrêter, il s'était enfui. Ceux qui l'avaient poursuivi étaient encore réunis dans une maison à l'entrée du village, « oubliant leur déception dans le vin ». Ils voient passer Can.

« — Où vas-tu ? lui crient-ils.

» — Je passe mon chemin.

» — As-tu quelque connaissance dans notre village ?

» — Oui, je connais particulièrement l'ancien chef de canton. »

Ce chef était catholique ; les païens devinèrent que Can l'était aussi. Parmi eux se trouvait un ennemi personnel du chef de canton. Il les excita :

« C'est un ennemi de Quan, arrêtez-le », s'écria-t-il.

Ils l'arrêtèrent, lui présentèrent les images et les croix qu'ils avaient volées, et voulurent le forcer à les fouler aux pieds. Le jeune homme refusa. Les misérables prévinrent le sous-préfet, qui arriva à la tête d'une douzaine de soldats, et fit jeter Xavier Can en prison.

.·.

Par suite de cette arrestation, la persécution se déchaîna plus violente. Des forêts qui lui servaient de refuge, M. Retord a raconté les désastres de ces jours de sang et de larmes, terminant son récit par ce cri de ceux qui savent, sans pâlir, regarder la mort en face :

> Le ciel est noir et sans étoiles,
> Sur mer rugissent les autans,
> De mon esquif les faibles voiles
> Rompent sous la force des vents ;
> De la mort l'ombre m'environne :
> Je vois flotter son crêpe noir.
> De l'éternité l'heure sonne ;
> Mourons ! c'est le dernier espoir.

De sa retraite, souvent il écrivait à son catéchiste, pour l'encourager et le fortifier, des mots de douce et sainte affection :

« Embrasse donc ta cangue avec autant de force et d'amour que Madeleine les pieds du Sauveur, lui disait-il; un jour, elle sera changée pour toi en une auréole lumineuse. Place tes pieds dans tes ceps avec autant de joie que les mandarins les leurs sur un duvet de roses, et pense qu'ils doivent te servir de degrés pour monter sur le trône immortel qui t'est préparé dans les cieux. Habite avec bonheur ta noire prison, songeant qu'elle est le vestibule des palais éternels. »

Cette correspondance était la joie du prisonnier; elle ne dissipait cependant pas toutes ses tristesses. Le rayon de soleil qui pénètre à travers les barreaux d'un cachot allège peut-être les chaînes du captif, il ne les fait pas tomber. Xavier Can avait ses heures de mélancolie que reflètent les vers adressés à ses amis, et dont voici la traduction :

« Le jour, mon cœur est dans l'abattement en voyant se développer devant moi la perspective d'une mer immense de misères; et la nuit, ma douleur redouble en n'apercevant au ciel que des étoiles obscures et clairsemées. Les afflictions se succèdent dans mon âme comme les eaux d'un fleuve intarissable. Je vois devant moi passer les saisons comme la navette du tisserand, mais je ne vois point passer mes maux.

» Je suis comme une fleur fanée que les mauvaises herbes étouffent. Je suis comme un agneau éloigné du troupeau, et que les loups dévorants se disputent.

» Je roule en moi-même mes pensées solitaires, et je me demande, en comptant sur mes doigts : Combien d'années encore? »

* *

Le martyre du vaillant chrétien eut lieu le 20 novembre 1837.

Sur le lieu même du supplice, il eut à combattre contre les suggestions de ceux qui voulaient l'arracher à la mort par l'apostasie :

« Tu peux vivre encore, s'écria le chef militaire, tu peux vivre encore; tu n'es ni voleur, ni rebelle; ta sentence n'est point irrévocable. Fais un pas sur la lettre Dix (en forme de croix), et j'irai parler en ta faveur. »

Xavier Can répondit :

« Ma résolution est inébranlable, faites ce que vous avez à faire. »

Le mandarin donna un ordre; les bourreaux tirèrent la corde, puis, montant sur les épaules du confesseur de la foi et, faisant un brusque mouvement, ils lui brisèrent le cou.

En écrivant le récit du martyre, comme il avait écrit la captivité, M. Retord jetait sur lui-même un regard de tristesse : cette mort lui apparaissait si belle !

« Ne répandrai-je pas aussi mon sang pour la foi? Ne serai-je pas aussi appelé à combattre dans l'arène des martyrs? Qu'ils sont heureux ceux qui tombent sur le champ de bataille! »

Et comme si cette douleur avait remué toutes les tendresses de son âme et les avait fait monter à ses lèvres, il s'écriait :

« Et toi France, ma belle patrie, toi grande Eglise de France, mère de la petite et pauvre Eglise annamite, soutiens ta fille qui succombe.

» Un lion furieux l'étreint et la déchire de ses griffes meurtrières, la terrifie par ses rugissements sauvages; elle est aux abois, elle tombe! Eglise de France, soutiens ta fille!

» Toi, surtout, Eglise des martyrs et des aumônes, Eglise de Lyon, ma mère à moi, et à laquelle je tiens toujours par toute la force de mon cœur, montre-toi fidèle à ton ancienne renommée; marche, selon ta coutume, à la tête de tous les bienfaiteurs des malheureux.

» Nous ne te demandons pas les biens de tes enfants, mais seulement les miettes qui tombent de ta table. »

Plus tard il envoya quelques reliques du martyr[1] à l'archevêque et au grand Séminaire de Lyon, et il disait :

---

1. Le Musée de la Propagation de la Foi, rue Sala, 12, à Lyon, possède une peinture à l'huile représentant le martyre du Vénérable Can et conserve un morceau de son vêtement imprégné de son sang.

« Messieurs, les guerriers envoient ordinairement à leur patrie les dépouilles et les drapeaux qu'ils ont pris sur l'ennemi. Je n'ai pas moi-même remporté de victoire complète; je suis encore sur le champ de bataille, sans savoir si je serai vainqueur ou vaincu. Mais un jeune soldat, qui combattait sous mes ordres, a triomphé seul de toute la force du tyran et de ses ministres; il est mort en vrai héros, et je vous envoie quelques-uns de ses trophées glorieux. »

Dieu lui-même, semble-t-il, voulut qu'aucune gloire ne manquât à cette mémoire chérie et aucune joie à ceux qui la vénéraient : onze ans plus tard, un des juges qui avaient condamné Xavier Can se convertit. Ne voit-on pas quelquefois, sans qu'aucune main les ait semés, des lis ou des roses germer ou fleurir sur les tombes des saints ?

CHAPITRE XI

LE BOUCHER DES CHRÉTIENS. — COURAGE DES SOLDATS CONVERTIS

Le mandarin le plus cruel était le chef de la province de Nam-dinh, Trinh-Quang-Kanh que l'on a, et avec raison, surnommé le *boucher des chrétiens*.

Au mois d'avril 1838, sa haine se porta contre les soldats catholiques; il réunit toutes ses troupes et plaça devant elles vingt crucifix, leur ordonnant de fouler aux pieds l'image du Sauveur.

Les officiers et le gouverneur à leur tête parcouraient les rangs et exhortaient les soldats chrétiens à obéir aux ordres du roi en abandonnant la religion « fausse et perverse ».

La grâce triompha de la peur. On vit alors, comme pour la religion thébaine, une touchante démonstration de fidélité à Jésus-Christ.

« Nous sommes vos soldats, il est vrai, déclarèrent la plupart des catholiques; mais aussi, nous le confessons librement, nous sommes les serviteurs de Dieu. Nous devons au roi notre vie et notre sang, nous devons à Dieu notre innocence ; nous recevons de vous la paye, Dieu nous a donné la vie. Nous ne pouvons vous obéir jusqu'à renier notre Dieu, notre Créateur et notre Maître, et aussi le vôtre que vous le vouliez ou que vous ne le vouliez pas. Si vous ne nous commandez rien qui l'offense, nous vous obéirons comme nous l'avons fait jusqu'à présent ; sinon, c'est à Lui que nous obéirons plutôt qu'à vous. »

***

Le premier élan fut sublime et universel. Pourquoi ne fut-il pas persévérant chez tous ?

Les supplices et les bourreaux étaient prêts. Quelques soldats apostasièrent bientôt; cependant un très grand nombre firent preuve d'un courage héroïque.

En voyant cette fermeté et cette persévérance, les mandarins et les bourreaux s'arrêtèrent étonnés. Trinh-Quang-Kanh crut devoir en référer au roi. La réponse ne se fit pas attendre. On devait soumettre les récalcitrants à de nouveaux supplices plus rigoureux encore et obtenir à tout prix leur apostasie. La bastonnade recommença de plus belle; on exposa sans pitié les confesseurs, nus et enchaînés, aux ardeurs d'un soleil brûlant; quelquefois même on leur faisait passer la tête dans une ouverture pratiquée au sommet d'un poteau où ils étaient suspendus pendant plusieurs jours de suite, sans pouvoir changer de position.

***

Trois d'entre ces courageux soldats furent particulièrement l'objet de la haine de Trinh-Quang-Kanh: Augustin Huy, Nicolas The et Dominique Dat. Dans les interrogatoires, Augustin Huy répondit très souvent au nom de tous; aussi semblait-il plus spécialement attirer l'attention des juges. Un jour, les mandarins le firent porter de force par les satellites jusque sur une croix.

« — Il a marché sur la croix, criait-on partout dans l'assemblée; il a marché sur la croix, il n'y a plus de remède. »

« — Vous pouvez violenter mes pieds, réplique l'intrépide confesseur; mais vous ne pouvez rien sur ma volonté. Tout ce que vous faites là ne fait qu'augmenter le mérite que je puis avoir devant Dieu. »

Dans une autre circonstance on lui reprochait les écarts de sa vie passée.

« — Nous comprenons, disaient les juges, que les bons chrétiens, ceux qui ont toujours vécu saintement, veuillent mourir plutôt que de fouler aux pieds la croix; mais toi, qui as vécu jusqu'à présent comme un païen, dans la polygamie, scandalisant les fidèles en méprisant les lois chrétiennes, comment oses-tu montrer tant d'obstination? C'est une extravagance incompréhensible.

» — Il n'est que trop vrai, répondit Augustin avec humilité, que ma vie a été scandaleuse et charnelle; mais, par la miséricorde de Dieu, je m'en suis repenti, et aujourd'hui je suis tout disposé à répandre mon sang pour la foi chrétienne. »

Touchant exemple de confiance et d'abandon en la bonté divine! « Qu'est-ce, en effet, que le péché en présence de la miséricorde de Dieu? dit un saint Père. Une toile d'araignée qui disparaît pour toujours sous le souffle du vent. »

* *

Il ne restait plus à Trinh-Quang-Kanh qu'une ressource, mais une ressource infernale: un breuvage mystérieux est préparé qui doit enlever momentanément l'usage de la raison aux soldats chrétiens et rendre facile leur apostasie. Dans cet état d'ivresse et de démence, on les amena au tribunal et on les somma de fouler aux pieds l'image du Sauveur crucifié. Les malheureuses victimes exécutèrent cet ordre sans résister. Le gouverneur, au comble de la joie, leur rendit la liberté, leur distribua de l'argent au nom du roi, comme récompense de leur apostasie, et les renvoya dans leur famille.

Mais le triomphe des impies ne dura pas longtemps. A peine les vapeurs du breuvage narcotique furent-elles dissipées que, recouvrant l'usage de la raison, les confesseurs apprirent tout ce qui s'était passé à leur insu ; surpris alors, profondément affligés du scandale involontaire qu'ils avaient donné aux fidèles, et saisis d'indignation, ils allèrent se présenter devant le Gouverneur. Ils jetèrent avec dédain l'argent donné pour le prix d'un crime dont ils n'étaient pas coupables, protestant énergiquement contre cette odieuse supercherie, et proclamant tous hautement qu'ils étaient prêts à sacrifier leur vie pour conserver leur foi.

Trinh-Quang-Kanh ne s'attendait pas à un pareil résultat. Dans sa colère, il ordonna de les reconduire en prison ; mais comme il s'était déjà vanté de ce triomphe auprès du roi et qu'il n'espérait plus les vaincre, il prit le parti de les laisser libres et de les chasser de sa présence comme de misérables insensés.

Cette détermination du Gouverneur causa la plus vive affliction aux confesseurs ; ils se voyaient privés de la palme du martyre et exposés à passer dans l'opinion pour de misérables apostats. Dans l'excès de leur légitime douleur, inspirés par la grâce divine et d'après les conseils de leurs Pères dans la foi, ils résolurent de présenter leurs réclamations au roi lui-même.

Dans le placet qu'ils adressaient à Minh-Mang, « ils déclaraient à Sa Majesté que le mandarin de Nam-dinh l'avait trompé en lui écrivant qu'ils avaient renié leur foi ; qu'au contraire, ils étaient encore chrétiens et voulaient toujours l'être ; qu'ils ne consentaient et ne consentiraient jamais à fouler la croix aux pieds ; qu'en conséquence, ils priaient Sa Majesté de les traiter selon la rigueur de la loi, c'est-à-dire de les punir de mort, comme l'avaient été les autres chrétiens qui s'étaient refusés à trahir le Maître du Ciel. »

Tous trois signèrent la requête et résolurent d'aller eux-mêmes la présenter au roi.

Dominique Dat ayant été retenu par la maladie, Augustin Huy et Nicolas The se mirent seuls en route pour la capitale.

Ils attendirent quelques jours, puis le roi étant sorti de la ville pour aller se promener dans la campagne, ils coururent se mettre à ses genoux, avec leur placet sur la tête et une poignée d'herbe à la bouche, pour signifier que, devant le prince, ils n'étaient que de vils animaux. Un grand mandarin prit le placet et le lut à Minh-Mang, qui, furieux, les fit enchaîner, jeter au cachot, frapper et torturer.

Leur courage ne faiblit pas et les juges portèrent contre eux cette sentence :

« Que ces deux malfaiteurs soient livrés aux soldats, conduits au bord de la mer, sciés par le milieu du corps et leurs membres jetés à l'eau pour être la nourriture des poissons. Ainsi force sera à la loi. »

Ce supplice eut lieu dans le port de Huc-Thuan, le 13 juin 1838. Les courageux soldats eurent la tête tranchée ; leurs corps furent sciés par le milieu et jetés à la mer.

Quant à Dominique Dat, le roi ordonna au grand mandarin de Nam-dinh de s'en saisir au plus tôt et de lui proposer de nouveau l'apostasie ou la mort. Le 22 juin, le courageux soldat, fortifié par la divine Eucharistie, parut devant Trinh-Quang-Kanh.

« — Allons, lui dit celui-ci en le voyant, tu vas aujourd'hui changer de conduite, regarde tes compagnons d'armes, quelle fin déplorable ! Etre scié en deux morceaux ! Aujourd'hui, c'est ton dernier jour de réflexion. Si tu ne te repens pas maintenant, il ne sera plus temps, tu seras scié en quatre.

» — Quand on me couperait en mille morceaux, dit le serviteur de Dieu, je ne changerais pas de résolution. Je n'ai qu'un désir, celui de souffrir et de mourir comme mes frères. »

Il fallut se résigner à accorder la grâce du martyre à ce valeureux champion de la vérité. On l'étrangla le 18 juillet.

CHAPITRE XII

MARTYRE D'UN ÉVÊQUE FRANÇAIS

A cette grande et pauvre Eglise du Tonkin, si profondément éprouvé il restait pour premier pasteur Mgr Dumoulin-Borie dont l'huile sainte n'avait pas encore touché le front; et bientôt lui aussi allait mourir.

Naître dans les montagnes de la Corrèze, voir son enfance et sa jeunesse entourées des plus chaudes affections, quitter sa patrie, sa famille et sa fortune pour aller sur une terre lointaine prêcher l'Evangile de Jésus-Christ, rêver de conduire tous les hommes au ciel, rencontrer la haine et la persécution, dépenser les plus belles années de sa vie à fuir d'asile en asile, être arrêté, jeté en prison, recevoir dans les fers le titre et les pouvoirs d'évêque, faire éclater la gloire et la force de Dieu dans les souffrances et dans la mort, telle fut la carrière de Pierre Dumoulin-Borie.

Il fut pris par les soldats du tyran Minh-Mang durant une nuit du mois de septembre 1838.

Il s'était caché dans les dunes qui bordent l'océan dans la province du Bo-chinh. Lorsqu'il entendit la troupe s'approcher, il jugea inutile de demeurer plus longtemps dans sa cachette, souleva le sable qui en obstruait l'entrée, et s'élança vers les soldats, les saluant de cette parole, souvenir et écho de la parole du Roi des martyrs: « Qui cherchez-vous? » En voyant dans la pénombre cet homme de haute taille sortir de terre comme un gigantesque fantôme, les poursuivants s'arrêtèrent muets de surprise. Borie ne faisant aucun mouvement, ils s'enhardirent et lui commandèrent de s'asseoir en signe de soumission.

L'apôtre le fit, commençant par l'obéissance son suprême sacrifice.

Dans son cachot, il rencontra deux prêtres annamites, les PP. Diem et Khoa, qu'il encouragea et fortifia par sa parole et par son exemple, répondant avec courage aux questions captieuses de ses juges, endurant la cangue, les chaînes, la bastonnade.

Le 24 novembre, pendant que les prisonniers prenaient leur frugal repas dans la joie du Seigneur, arriva la ratification du jugement qui condamnait Mgr Borie et ses deux compagnons à avoir la tête tranchée.

Le mandarin lut à l'évêque sa sentence; celui-ci écouta silencieusement la lecture du décret royal, puis gravement il se leva et prononça ces paroles :

« — Depuis mon enfance, je ne me suis encore prosterné devant personne, maintenant je remercie le grand mandarin de la faveur qu'il m'a procurée, et je lui en témoigne ma reconnaissance par cette prosternation. »

Et il s'agenouilla. Emu de cette grandeur d'âme, le mandarin, les larmes aux yeux, bégaya quelques mots pour refuser cet hommage.

On partit aussitôt pour le lieu de l'exécution. Mgr Borie marchait le premier d'un pas allègre, la cangue au cou et le chapelet à la main.

Un mandarin, qui avait toujours fait preuve de malveillance à l'égard des chrétiens, rencontra le cortège et demanda au confesseur, si, à cette heure, il craignait enfin la mort:

« — Je ne suis point un rebelle, ni un brigand pour la craindre, répondit le martyr ; je ne crains que Dieu. Aujourd'hui, c'est à moi de mourir, demain ce sera le tour d'un autre.

» — Quelle insolence ! s'écria l'officier en lançant une imprécation ; qu'on le soufflette. »

Dans les rangs, pas un soldat ne bougea ; mais, par délicatesse de cœur ou de conscience, le condamné fit dire à l'insulteur que, si sa réponse avait pu l'offenser, il lui en demandait pardon.

Le supplice fut long et horrible. Le bourreau très attaché au prisonnier s'était enivré pour se donner le courage de sa triste besogne, et, d'une main mal affermie portait ses coups à faux. Le premier atteignit l'oreille et descendit jusqu'à la mâchoire inférieure qu'il entama; le second enleva la chair du haut des épaules; le troisième fut mieux dirigé, mais ne fit pas tomber la tête qui ne fut tranchée qu'au septième coup.

Quot plagis laniatus
Cælo tot radiis nites.

Oh oui ! chaque empreinte du fer meurtrier est devenue un rayon de la couronne céleste qui orne pour l'éternité le front du saint missionnaire.

Pendant ce temps, les deux prêtres tonkinois s'étaient agenouillés ; les soldats les saisirent et les étendirent à terre les bras en croix et les jambes liées à un piquet, ils leur passèrent une corde au cou et accomplirent leur cruel office.

Les corps des suppliciés furent enterrés sur le lieu même de l'exécution ; une année plus tard, ils furent relevés et transférés dans de ferventes paroisses, heureuses de les posséder, jusqu'à ce que les restes précieux de l'évêque fussent transportés en France et déposés au Séminaire des Missions-Étrangères où ils sont encore aujourd'hui.

CHAPITRE XIII

LA POLITIQUE DE MINH-MANG. — SA MORT.
SON SUCCESSEUR THIEU-TRI

Pendant ce temps, que faisait le roi Minh-Mang ?

Il venait d'apercevoir le pavillon des puissances européennes, car l'Angleterre commençait à Canton la guerre de l'opium, qui devait amener une évolution si considérable dans les relations de l'Europe avec l'Extrême-Orient; plusieurs navires de guerre français avaient paru dans les mers de Chine.

Or, après avoir refusé de recevoir les lettres du roi de France, d'admettre nos consuls, de donner audience aux commandants de nos navires, après avoir fait mettre à mort de nombreux missionnaires et proscrit les autres, le tyran commençait à se demander s'il n'allait pas trop loin dans cette voie des violences, qui contrastaient avec la politique tolérante de son père et pouvaient amener de terribles représailles.

Sous l'empire de ces craintes, il se décida, au mois de janvier 1840, à envoyer à Paris trois mandarins, qui se disaient chargés de renouer les relations commerciales entre la France et l'Annam, et qui, en réalité, venaient connaître les dispositions de notre gouvernement et s'assurer des ressources de notre pays. Dès leur arrivée, ils se hâtèrent de publier que les missionnaires étaient bien traités chez eux, et que le catholicisme jouissait de toute la liberté désirable.

Ce mensonge, qu'on ne leur demandait pas, fut promptement contredit, avec preuves à l'appui

Les directeurs du Séminaire des Missions-Étrangères adressèrent au maréchal Soult un Mémoire exposant le véritable état des choses : succession des édits persécuteurs, emprisonnement et martyre des missionnaires, arrestation et exil des chrétiens. Ils avertirent en même temps le Cardinal préfet de la Propagande de la présence de cette ambassade, et le Souverain Pontife profita de cette circonstance pour prier Louis-Philippe d'user de son autorité, afin de mettre un terme à la persécution.

Plusieurs évêques firent la même demande ; un certain nombre de journaux insistèrent fortement pour que le gouvernement intervînt au nom de la France, afin d'arrêter les scènes sanglantes qui rappelaient les plus sombres jours de l'Église naissante.

Louis-Philippe ne pouvait admettre en audience des ambassadeurs, qui n'avaient pas été régulièrement annoncés et ne se présentaient pas selon le cérémonial ordinaire ; mais quelques ministres les reçurent et leur firent comprendre que les cruautés de Minh-Mang étaient connues, et qu'elles ne pouvaient manquer d'attirer, tôt ou tard, sur lui et sur son royaume, une éclatante vengeance.

Les ambassadeurs s'étonnèrent, paraît-il, de ce langage en opposition avec les idées irréligieuses, qu'ils avaient entendu émettre dans le monde officiel. Plus logiques que ceux qui parlaient et ne devinant pas la vivacité de la foi cachée au fond des âmes sous la légèreté voltairienne, ils ne s'expliquaient pas que l'on pût rire du catholicisme et le défendre.

En même temps qu'il faisait ces menaces aux ambassadeurs, le ministère ordonnait aux commandants de nos vaisseaux dans les mers de Chine de protéger, le cas échéant, les missionnaires, sans cependant engager le drapeau de la France. Cette demi-mesure, dont on se promettait beaucoup de bien, devait amener plus d'un malheur.

Lorsqu'ils crurent avoir rempli leur mission, les ambassadeurs retournèrent à Hué, où ils n'arrivèrent qu'après la mort du roi qui les avait envoyés.

.•.

Minh-Mang, en effet, s'était mortellement blessé en tombant de cheval, le 20 janvier 1841. Dans leurs récits, les missionnaires le comparent souvent à Néron, parce qu'il leur semblait qu'aucun souverain n'était capable d'aller plus loin dans la voie des persécutions envers les chrétiens et des cruautés envers ses autres sujets. On pouvait croire qu'ils ne se trompaient pas, car ils citaient de lui de véritables traits de barbarie dont voici quelques-uns :

Minh-Mang assassina son frère, fit égorger plusieurs de ses sujets pour des bagatelles ou par simple caprice, entre autres une jeune fille dépositaire d'un secret, et pour s'assurer de sa mort, il se fit apporter sur un plat la langue de sa victime. Un jour, il jeta un objet dans la cage de son tigre favori, et ordonna à un soldat qui se trouvait là d'aller le lui chercher ; le malheureux, entre ces deux bêtes féroces, espéra dans le tigre et ne se trompa point : le fauve le laissa sortir sain et sauf.

Aussi déraisonnable que cruel, le roi d'Annam faisait mettre à la cangue et fouetter les navires qui ne marchaient pas bien, les idoles qui ne faisaient pas pleuvoir à son gré ; il allait jusqu'à faire administrer des médecines aux canons exposés à l'air, lorsqu'il les voyait ternis par l'humidité, parce que, disait-il, ils suent de la peine qu'ils ont eue en faisant la guerre aux rebelles.

Cependant, les cruautés de Minh-Mang contre les chrétiens ont été dépassées, il y a quelques années à peine, par celles d'un ministre de Hiep-Hoa, le sinistre Tuyèt, qui trompa la France, ses généraux, ses diplomates, et ordonna le massacre de tous les fidèles et de tous les missionnaires d'Annam...

La mort du roi accorda quelque répit à l'Eglise du Tonkin. Son successeur, Thieu-Tri, n'avait ni sa vigueur, ni son entétement et fut quelque temps sans se prononcer absolument contre les chrétiens.

Les missionnaires en profitèrent.

Mgr Retord, le successeur de Mgr Dumoulin-Borie, était allé recevoir la consécration épiscopale à Manille. A son retour, il sacra Mgr Hermosilla, le nouveau Vicaire apostolique du Tonkin oriental.

« Cette cérémonie, écrivait-il, eut lieu le 25 avril dans une hutte couverte de paille, dans un village situé sur le bord d'une épaisse forêt, afin qu'en cas de danger imminent nous puissions nous y réfugier. Vous pouvez bien vous imaginer que la solennité de cette cérémonie ne fut pas pompeuse. Presque aussitôt après, Sa Grandeur est repartie pour aller conférer le caractère épiscopal à son coadjuteur; car ici, il faut se hâter d'imprimer l'onction sainte sur d'autres fronts, quand notre tête est peut-être à la veille de tomber sous le fer des bourreaux. »

CHAPITRE XIV

ARRESTATION DE MISSIONNAIRES. — LEUR DÉLIVRANCE
PAR LES FRANÇAIS

En effet, la persécution recommençait.

Dix jours avant le sacre de Mgr Hermosilla, le 15 avril, MM. Galy et Berneux, missionnaires français, avaient été arrêtés. Ils étaient au Tonkin depuis trois mois seulement, et tous deux venaient célébrer les fêtes de Pâques dans la chrétienté de Phuc-nhac.

Avertis de l'arrivée des mandarins et de leurs satellites, au moment même où ceux-ci cernaient le village, M. Berneux se réfugia dans la maison des religieuses Amantes de la Croix. Il s'installa sur quelques bambous servant de plafond, s'assit dans une corbeille d'oignons et attendit les soldats avec une parfaite tranquillité d'âme, rendant grâce à Jésus-Christ d'être appelé à le confesser devant les païens. Les soldats furent bientôt sur ses traces ; aussi la seule religieuse qui fût restée dans la maison eut-elle recours à un singulier stratagème pour mieux le cacher. « Elle brûlait de la paille au-dessous de mon gîte, écrivit plus tard M. Berneux, et m'enveloppait dans un épais tourbillon de fumée ; il lui arriva même dans l'excès de son zèle ou de sa crainte de me chauffer plus que je n'aurais voulu. » Malgré cette ruse, le missionnaire fut découvert et on le conduisit devant le mandarin où il retrouva son confrère, M. Galy. Celui-ci avait été pris couché dans un fossé sous les broussailles.

« — Voilà un beau jour, dit-il à Berneux en l'embrassant. »

« — Oui, répondit celui-ci en faisant allusion à la fête de Pâques, c'est bien le jour que le Seigneur a fait, réjouissons-nous. »

Après avoir subi un premier interrogatoire, les deux missionnaires et dix-neuf chrétiens indigènes furent enfermés dans des cages et conduits à Nam-dinh. Le gouverneur de cette ville, qui avait reçu l'ordre formel de s'emparer du dominicain espagnol, Hermosilla, voulut absolument le reconnaître dans M. Galy :

« — Eh bien, fit celui-ci, je prendrai sa place dans le ciel. »

On mit les deux prêtres à la chaîne, et un mandarin termina le troisième interrogatoire de M. Berneux par cette question faite d'un ton railleur :

« — Tous les chrétiens ont-ils une âme ?

— Sans doute et les païens comme eux ; vous aussi, mandarin, vous avez une âme ; puisse-t-elle un jour, c'est mon ardent désir, être au nombre de celles que Dieu récompensera !

— Où va cette âme en se séparant du corps ? reprit en riant le mandarin.

— Vous riez, un temps viendra où vous ne rirez plus. »

Ils furent ensuite conduits à Hué et condamnés à mort avec sursis.

Il est rare que la peine de mort prononcée dans ces conditions soit appliquée : elle équivaut généralement à une prison perpétuelle.

.'.

Le 5 octobre suivant, M. Charrier fut arrêté en quittant Baunô dans les circonstances suivantes que lui-même a racontées :

« Comme nous passions en vue d'un hameau païen, nous entendons crier : « Qui va là ? »

» Notre patron déconcerté répondit quelques mots en tremblant ; aussitôt on battit le tambour, et voilà tout le village à notre poursuite, les uns en barque, les autres à pied. Nous nous jetâmes dans le fleuve; mais bientôt je me sentis harassé de fatigue; je tombai trois ou quatre fois, je crus ma dernière heure arrivée.

» Cependant, je m'efforçai de marcher dans l'eau, tantôt jusqu'à la ceinture, tantôt jusqu'au cou, quelquefois aussi, jusque par-dessus la tête; une fois je disparus dans un trou et ce ne fut qu'en frappant fortement du pied contre le fond que je parvins à surnager.

» Après une course aussi pénible, n'ayant plus la force de faire un pas, me voyant poursuivi par plus de cent personnes, sans qu'il fût possible de leur échapper, je dis à ceux qui étaient avec moi de faire comme ils pourraient et de me laisser seul, afin que les mandarins n'impliquassent aucun néophyte dans mon procès. Les païens m'arrêtèrent donc et me conduisirent mouillé de la tête aux pieds à la guérite de leur village. »

Deux jours après, M. Charrier fut transféré au chef-lieu du département.

Comme on l'emmenait, il chercha dans la foule et aperçut un chrétien; aussitôt il lui donna pour l'évêque, son ami, un mot de souvenir et de joyeuse familiarité.

— « Tu diras à Monseigneur, cria-t-il en riant, que j'aime mieux ma cangue que sa mitre, et ma chaîne que sa crosse. Il n'y a que sa croix qui vaille quelque chose; mais j'en ai de plus précieuses que la sienne. »

Aux questions des juges, il répondit avec calme, fermeté, prudence, et le mandarin général dit au chef de la justice :

« — Ses réponses sont adroites, il faudra l'examiner encore. »

Les juges crurent utile, pour le second interrogatoire, de se faire aider par le bourreau. Le missionnaire reçut un grand nombre de coups de rotin, « que, dit-il, je demandais au Seigneur de compter et il compta si bien pour les adoucir, que je n'éprouvai presque aucune douleur. » Naturellement, il ne donna aucun des renseignements qu'on lui demandait. Les témoins de cette scène murmuraient entre eux :

« Il est intraitable. »

Le grand mandarin lui posa alors cette question :

« — Si le roi vous pardonne et vous renvoie en Europe, n'en serez-vous pas bien aise?

» — Non, au contraire, répondit le confesseur de la foi, je reviendrai, à la première occasion, prêcher de nouveau la religion aux Annamites. »

Le courageux prêtre devait tenir parole.

Il subit également le supplice des tenailles, sa vaillance n'en fut point abattue; selon ses vœux, Dieu lui mit dans les veines quelques gouttes du sang des martyrs lyonnais.

Aussitôt que Mgr Retord avait appris la nouvelle de l'arrestation de son compatriote, il avait chargé deux catéchistes de lui porter dix barres d'argent pour ses plus pressants besoins, avec une lettre d'encouragement et de consolation.

Les envoyés parvinrent jusqu'au captif, eurent la joie de l'entretenir longuement, et rapportèrent à l'évêque deux lettres, qui racontaient les glorieuses souffrances du héros de la foi.

Le 20 octobre, M. Charrier fut tiré de sa cage et enfermé dans la prison des condamnés à mort, « bâtiment immense, habité par quarante-trois prisonniers, tous assassins, voleurs, brigands ou rebelles. »

On le traita avec honneur, et ce n'est pas le moindre sujet d'étonnement de ceux qui ignorent l'Annam, de voir les relations qui s'établirent entre un condamné à mort, ses gardiens et ses juges.

Le mandarin chargé des prisons le visita, il le fit asseoir près de lui, lui donna des sandales, lui offrit le thé; bien plus, il l'invita à venir dans sa demeure, lui fit partager son goûter et permit à tous les chrétiens de l'entretenir.

Notre formalisme occidental est très loin, et les mémoires de nos prisonniers doivent contenir peu de récits semblables.

M. Charrier croyait, espérait être bientôt conduit au supplice; mais un ordre du roi l'appela à Hué. Il retrouva à la capitale des magistrats qui lui posèrent les mêmes questions, auxquelles il fit des réponses identiques, également récompensées par des coups de verges

Il fut aussi condamné à mort avec sursis comme M. Berneux et M. Galy.

.·.

Deux missionnaires de Cochinchine, MM. Miche et Duclos, avaient également été pris ; ils furent dirigés sur Hué et réunis aux trois missionnaires du Tonkin occidental.

Le Conseil royal instruisit leur procès et les condamna à mort, sentence que le roi sanctionna le 3 décembre, mais en ordonnant d'en différer l'exécution.

Thieu-Tri, en effet, comme son père à la fin de sa vie, craignait les justes représailles des nations européennes s'il tuait les prêtres étrangers.

Pendant ces hésitations, une corvette française l'*Héroïne*, commandant Favin-Lévêque, entra dans le port de Tourane le 25 février 1843.

Le gouvernement de Louis-Philippe n'avait pas oublié les promesses faites en 1840, lors de la présence de l'ambassade annamite à Paris ; mais, avant de s'engager, il voulait, tout d'abord, connaître le terrain et savoir si les ouvertures des ambassadeurs avaient droit à quelque créance. Il avait donné au commandant Lévêque la mission de nouer des relations commerciales entre la France et la Cochinchine.

Les pourparlers commencèrent, comme d'habitude, par l'échange des présents et par des promesses de bonne amitié ; mais chaque fois que le commandant pressait les mandarins sur la question commerciale, ceux-ci répondaient : que l'Annam était trop éloigné de la France et que les négociants français n'auraient aucun bénéfice à apporter leurs produits aux Annamites, trop pauvres pour les acheter.

On ne pouvait guère donner de moins fière réponse, mais les mandarins espéraient qu'elle suffirait pour éloigner le négociateur, et c'est tout ce qu'ils désiraient.

.*.

La durée de ces pourparlers permit à un incident de se produire.

Les marins de l'*Héroïne*, qui n'avaient pas de diplomatie à faire, descendaient de temps à autre à terre. Un jour, ils aperçurent derrière un massif de plantes, se dissimulant à moitié, un Annamite qui les regardait avec anxiété. Dès qu'il se vit découvert, il se mit à faire de rapides signes de croix, en posant en même temps un doigt sur sa bouche. Les marins, en hommes intelligents, firent eux aussi le signe de la croix, et en indiquant à l'indigène qu'il n'avait rien à redouter, ils s'approchèrent de lui.

Tout en continuant à faire le signe de la croix et à regarder avec crainte autour de lui, l'Annamite remit une lettre à l'un des matelots.

Celui-ci la prit et s'empressa de retourner vers le canot qui rallia aussitôt la corvette.

La lettre était adressée au commandant de l'*Héroïne* par un jeune prêtre de la Société des Missions-Etrangères, M. Chamaison. Elle annonçait la détention et la condamnation à mort de cinq missionnaires, dont les noms étaient cités avec la date de leur emprisonnement.

.*.

M. Favin-Lévêque, homme d'un grand cœur et d'une rare énergie, ne put supporter, comme il s'exprime lui-même dans son rapport au ministère, que cinq Français fussent immolés en présence, pour ainsi dire, du pavillon de leur nation. Il prit sur lui de les réclamer au nom de la France.

Le mandarin, avec lequel il avait de fréquentes conversations, protestait volontiers des bons sentiments de son roi envers les Français.

A la première entrevue qui suivit la réception de la lettre de

M. Chamaison, le commandant interrompit les protestations accoutumées de l'Annamite.

« Ce n'est pas vrai, lui dit-il, car, en ce moment même, cinq Français sont enchaînés dans la prison de Hué, ils ont déjà subi la torture et ils sont condamnés à mort. Eh bien, je réclame ces Français comme sujets du roi de France ; je veux qu'ils me soient livrés et malheur à tous si ma demande n'est pas écoutée. »

.•.

L'ultimatum était posé, et, pour le moment, la question des relations commerciales laissée de côté.

L'*Héroïne* n'était plus dans la rade de Tourane, avec ses canons chargés, que pour exiger la liberté des cinq prêtres catholiques.

Le mandarin fut effrayé ; mais il se remit vite, et nia effrontément la présence des missionnaires dans les prisons de Hué. Le commandant lui cita les noms des captifs et la date exacte de leur arrestation. L'Annamite prit le sage parti de se taire, et le commandant continua en déclarant qu'il voulait absolument que ces Français fussent délivrés et conduits à bord de son navire.

Cette fois, le mandarin s'inclina. Puisqu'il n'était pas le plus fort, il jugea bon d'être le plus doux ; il assura l'officier, de toute la bienveillance du roi de Cochinchine, et lui fit espérer que, dans deux ou trois jours, un magistrat supérieur viendrait de Hué pour conférer sur cette question. L'officier arriva ; mais il ne venait pas de Hué ; c'était le gouverneur de la province auquel le mandarin avait raconté son terrible embarras. Devant les réclamations du commandant, il se montra hésitant et répondit que ces Français avaient commis un crime et étaient punis conformément aux lois du pays. M. Lévêque insista pour leur mise en liberté immédiate et prévint le mandarin que, si on ne voulait pas satisfaire à sa juste demande, il irait mouiller, avec sa corvette devant la barre de la rivière de Hué et que là, avec ses marins, il saurait bien arriver jusqu'auprès du roi et se faire rendre justice.

* * *

En même temps, il présenta au gouverneur une lettre très polie, mais ferme. Elle était adressée au premier ministre et demandait la liberté des captifs. La voici :

Le commandant de la corvette de Sa Majesté le Roi des Français, l'Héroïne, à Son Excellence le grand mandarin Ong-Qué, beau-père du roi de la Cochinchine, premier ministre à Hué.

« Tourane le 7 mars 1843.

« Seigneur,

» Cinq infortunés, cinq Français, placés sous le poids d'une condamnation à mort, sont détenus, depuis bientôt deux ans, dans les cachots de Hué-Fo et y souffrent journellement les tourments les plus affreux.

» La France a entendu leurs cris de détresse, et je viens, au nom de Sa Majesté le roi des Français, réclamer leur mise en liberté, pour les ramener dans leur patrie.

» Déjà, et grâces en soient rendues au Dieu qui dirige la pensée des rois comme celle des simples mortels, déjà Sa Majesté le roi de la Cochinchine a, dans sa justice et sa clémence, suspendu le glaive du bourreau prêt à frapper la tête de ces malheureux.

» Que Sa Majesté veuille bien donner un libre cours à ses sentiments généreux. En agissant ainsi, elle évitera non seulement les chances funestes d'une rupture possible avec la France, mais elle attirera encore sur son règne et son auguste personne les actions de grâces et les bénédictions de tous les Français.

» Vous, Seigneur, qui, par votre position, êtes placé près du trône et avez l'honneur d'approcher la personne de Sa Majesté, veuillez plaider auprès d'elle la cause de ces infortunés ; vous contribuerez ainsi à les rendre à leur patrie et vous rendrez à la vôtre un service signalé.

» Recevez, Seigneur, l'assurance des sentiments de haute considération avec lesquels j'ai l'honneur d'être, votre très humble serviteur.

» Le commandant de la corvette du Roi de France l'*Héroïne*.

» FAVIN-LÉVÊQUE. »

L'interprète du commandant lut à haute voix la traduction de cette lettre. Sans répondre, le mandarin se leva, et montrant une quantité considérable de volailles, des bœufs et des porcs, il les offrit aux Français.

Accepter ces présents eût été se lier d'amitié avec le gouverneur et entrer dans ses vues. M. Lévêque le comprit, et décidé à brusquer la conférence, il fit répondre par son interprète :

« Les officiers de Sa Majesté le Roi de France ne reçoivent des présents que des souverains amis ou alliés de la France. »

Puis, se tournant vers son état-major, il ajouta : « Messieurs, allons-nous en. »

En Europe, cette apostrophe eût tout perdu. En Annam, où il est bon parfois de parler haut et ferme, elle sauva la situation.

En l'entendant, le mandarin et ceux qui l'accompagnaient parurent dans une profonde anxiété. Ils se placèrent devant les officiers pour les empêcher de se retirer; le gouverneur prit la main du commandant en le suppliant de rester. Celui-ci avait l'intention de ne faire qu'une fausse sortie, il s'arrêta, et s'adressant à l'interprète : « Dites au gouverneur que j'accepterai ses présents, s'il me donne sa parole d'honneur de faire parvenir ma lettre au ministre. »

Le gouverneur le promit et n'eut garde de manquer à sa parole.

Que se passa-t-il à la cour? Nous ne le savons; mais il est facile de le conjecturer par le résultat. Thieu-Tri fut effrayé et, le 16 mars, le gouverneur du Quang-nam fit prévenir le commandant qu'une bonne réponse était arrivée de Hué.

Immédiatement celui-ci et plusieurs officiers se rendirent à terre, où ils furent reçus avec un cérémonial militaire extraordinaire. Le gouverneur remit une lettre du premier ministre et fit signe aux officiers qu'ils pouvaient se diriger vers la maison du mandarin de Tourane, où se trouvaient, leur dit-il, les cinq Français.

« J'avoue que nos cœurs battaient d'aise en ce moment, a écrit l'un des officiers de l'*Héroïne*, et c'est avec une vive émotion que nous aperçûmes, dans la cour de l'habitation, cinq Cochinchinois, ou du moins cinq hommes qui en portaient l'habit, mais que, à leurs longues barbes épaisses, nous reconnûmes pour nos chers missionnaires!

» Ils étaient très émotionnés eux-mêmes, et c'est presque les larmes aux yeux qu'ils nous serrèrent les deux mains, avec une profonde reconnaissance et une étreinte affectueuse. Nous avions enfin, devant nous, les PP. Berneux, Galy, Charrier, Miche et Duclos, arrachés à la mort et aux tortures par notre brave commandant.

» Pendant que nous échangions avec ces courageux et saints missionnaires des paroles de vive satisfaction de notre part, et de la leur des témoignages de reconnaissance pour la bonté, l'énergie et le patriotisme déployés en cette circonstance par le commandant de l'*Héroïne*, celui-ci se fit traduire la lettre sous les yeux des grands mandarins. »

Cette lettre était une sorte de mémorandum adressé aux Annamites et aux Français.

Pour pallier son humiliation, Thieu-Tri exposait les choses à sa manière : le roi des Français, disait-il, informé des crimes commis par les cinq prêtres européens, avait envoyé un de ses officiers supplier le roi de Cochinchine de leur faire grâce, ce que Sa Majesté très clémente avait cru devoir accorder, à condition qu'ils ne recommenceraient plus.

« Le commandant mit cette lettre dans sa poche sans faire

aucune observation, et, accompagné de ceux dont il venait de sauver la vie, il passa entre la haie de la garde d'honneur et se rendit à son navire. »

Le lendemain, l'*Héroïne* quittait Tourane.

⁂

A peine les missionnaires furent-ils en mer, qu'ils pressèrent le commandant Lévêque de les déposer sur un des points de la côte. Celui-ci refusa, il avait promis, au nom du Gouvernement français, que les Européens dont il obtenait la liberté ne rentreraient ni au Tonkin, ni en Cochinchine; il voulait tenir sa parole. Il laissa cependant à Singapour M. Duclos, dont la santé ne pouvait supporter un plus long voyage, et M. Miche qui accompagna le malade.

M. Berneux resta à Bourbon, et n'ayant pu obtenir du commandant la permission de retourner au Tonkin il partit pour la Mandchourie, d'où il devait quelques années plus tard passer en Corée et cueillir en 1866 la palme du martyre. MM. Charrier et Galy revinrent seuls en France, où ils reçurent un enthousiaste et religieux accueil, auquel ils mirent bientôt fin en reprenant la route de leur mission.

Tels furent les incidents de la captivité et de la libération des cinq missionnaires français, délivrés par le commandant Lévêque.

Cette intervention de la marine française en faveur des missionnaires d'Extrême-Orient, la première au XIXe siècle, était bien en rapport avec ses traditions de protectrice des missionnaires.

Qu'y a-t-il, d'ailleurs, d'étonnant dans cette conduite ?

Le marin porte à travers les mers et sur toutes les plages le nom et le drapeau de la France; partout où il aborde, il rencontre le prêtre, l'ouvrier humble et trop souvent dédaigné de la foi catholique, mais aussi de la grandeur française; il est témoin des transformations opérées par ses travaux; il le voit faire de sauvages des hommes civilisés, d'ennemis de l'étranger des amis ; il se rend compte de l'analogie de l'œuvre évangélique avec son œuvre personnelle, et il traite l'apôtre en ami, presque en compagnon d'armes.

L'acte courageux du commandant Favin-Lévêque en faveur des missionnaires avait ouvert à plusieurs esprits de nouveaux et plus vastes horizons, et fait naître en même temps de patriotiques et saintes espérances. Les Conseils centraux de la Propagation de la Foi engagèrent les directeurs du Séminaire des Missions-Etrangères à demander au gouvernement une protection plus efficace et une action plus énergique.

Tout en rendant hommage au commandant, ceux-ci répondirent qu'ils ne croyaient pas devoir tenter la démarche qui leur était conseillée, et qui offrait certaines chances de succès.

« Honneur, disaient-ils, à l'homme généreux qui, en procurant l'élargissement de nos missionnaires, a rendu un si grand service à l'humanité et à la religion. On saura désormais que le nom du roi des Français ne retentit pas en vain aux oreilles du tyran de Cochinchine, et que les missionnaires de l'Océanie ne sont pas les seuls à qui il puisse venir en aide. Mais personne n'ignore que ce n'est pas la crainte des supplices ou de la mort, qui pourrait faire désirer à nos missionnaires une semblable protection. Nos chers confesseurs, Messieurs, vous ont peut-être dit comme à nous que leurs plus beaux jours sont ceux qu'ils ont passés en prison, avec l'espérance de n'en sortir que pour aller porter leur tête sous la hache du bourreau, et que si leurs chaînes leur étaient rendues, ils les baiseraient avec amour. Aussi au milieu même de leurs compatriotes, ne semblent-ils avoir de pensées et d'affections que pour cette patrie adoptive, à laquelle un vaisseau trop lent à partir, doit bientôt les rendre. Nous laisserons donc agir la Providence, et si le tyran annamite a encore soif de sang français, il en trouvera de tout prêt à couler dans les veines de ces jeunes missionnaires, qui sont allés plus nombreux prendre la place de ceux que son glaive a moissonnés. »

Cette admirable lettre résumait la question, les missionnaires étaient toujours disposés à mourir pour Dieu, les chrétiens ne manquaient pas de courage, les Eglises s'étaient fondées au milieu des persécutions; il n'y avait donc ni à s'étonner, ni à s'inquiéter. Telle était la réponse dictée par la foi et aussi par la sagesse et la prévoyance. Faire intervenir la France, tant que l'Eglise d'Annam n'était pas menacée d'une ruine complète, eût peut-être compromis les prédicateurs de l'Evangile, qui alors auraient semblé mériter cette accusation, que les païens lançaient déjà trop souvent contre eux, d'être les espions et l'avant-garde des armées étrangères. Il ne restait qu'à attendre des circonstances une solution qui sauvegarderait tous les intérêts.

CHAPITRE XV

MONSEIGNEUR RETORD

En 1844 et en 1845, Mgr Lefebvre, le Vicaire apostolique de la Cochinchine occidentale, deux fois tombé entre les mains des mandarins de Thieu-Tri, fut deux fois relâché.

Ce double fait retentit dans tout le royaume. Parmi les catholiques et les païens, plusieurs crurent voir dans cette conduite la fin des persécutions ; si des actes d'hostilité se produisaient encore, ils ne seraient plus, pensaient-ils, que des incidents regrettables dus à quelques particuliers, les derniers coups de feu au soir d'un combat meurtrier...

．＊．

Au Tonkin, Mgr Retord avait déjà mis à profit cet état des choses et des esprits. Aucun de nos lecteurs, âgé aujourd'hui de cinquante à soixante ans, n'a oublié le nom de cet admirable évêque missionnaire, dont les lettres et la vie héroïque excitèrent si vivement l'enthousiasme.

Il naquit en 1803, à Renaison, grosse commune du département de la Loire.

Enfant d'une famille pauvre, il ne put d'abord obtenir d'elle l'autorisation de commencer ses études de latin. Un de ces incidents, qui sont les attentions aimables de la Providence envers ses prédestinés, lui fit donner la permission désirée. Ayant trouvé dans les vignes où il travaillait le prône d'un curé voisin, il l'apprit par cœur en quelques minutes, et le récita sans broncher devant ses parents ; dès lors, il eut gain de cause.

Il commença par prendre des leçons de son cousin Claude Deschavannes, un peu plus âgé que lui, et qui devait aller mourir missionnaire dans le royaume de Siam. Chaque soir, il lui demandait des explications sur *Rosa* ou sur *Amo*, en retenait le plus possible, puis, le lendemain, il se fixait à lui-même un certain nombre de pages à apprendre.

Afin de mener de front le travail intellectuel et le travail manuel, il employait cet ingénieux moyen : en se rendant à la vigne, il portait son rudiment, lisait quelques lignes, jetait son livre devant lui, à cinq ou six pas, puis taillait les ceps en se remémorant sa lecture ; arrivé à son livre, il le reprenait, lisait encore quelques lignes, le jetait de nouveau et continuait à tailler de plus belle jusqu'à ce qu'il sût tout ce qu'il avait décidé de savoir ; volonté et activité d'enfant qui présagent celle de l'homme. Plus tard, il fut accueilli à Renaison par un maître plus docte.

Une épreuve l'attendait dès sa première année d'études. Il était en vacances ; la nombreuse famille achevait assez tristement son maigre repas : le père était fatigué, la mère malade s'inquiétait et s'affligeait :

« — Mon pauvre enfant, finit-elle par dire, tu vois que mes forces s'en vont ; nous avons tous besoin des tiennes, il faut renoncer à ton idée. Je ne peux plus rien... »

Elle n'acheva pas, son fils venait de tomber évanoui.

A cette vue, chacun s'agite et pleure. L'aîné de la famille intercède pour lui au nom de tous :

« — Mère, dit-il, il ne faut pas le tuer, vous savez que je pioche dur, le jour pour les autres et la nuit pour nous ; eh bien! je ferai encore davantage.

— Et nous aussi, s'écrient ses frères et sœurs ; nous nous

priverons de tout, nous travaillerons, nous irons pour lui en service ; mais qu'il continue. »

La richesse est un bien exclusif, la générosité ne l'est pas; elle germe sous le toit de la chaumière ou dans les palais ; mais quand on la rencontre à un si haut degré dans les familles d'apôtres, on s'explique que Dieu leur accorde ses meilleures bénédictions en appelant à lui leurs enfants.

.'.

La biographie de Mgr Retord a été écrite pour la première fois en 1859, une seconde fois sur un plan plus large en 1893. Elle nous le montre comme le type du missionnaire, tel que le rêvent les natures généreuses.

Il en eut l'indomptable ardeur, les invincibles espoirs, la bonté de cœur, la souplesse d'esprit et la fermeté d'âme.

Pendant sa carrière très agitée, il fit toujours preuve d'un imperturbable calme, non pas le calme extérieur qui ressemble à de la froideur, mais celui de la volonté qui procède de la force et sait cacher, sous un visage joyeux, les angoisses intimes.

Enthousiaste de la vie apostolique, même au milieu des plus redoutables périls et des plus dures misères, il a écrit sur les plaisirs du Tonkin une lettre, qui semble être le son le plus éclatant qu'une âme apostolique ait jamais rendu.

Bien des historiographes la lui ont empruntée pour peindre les sentiments de leur héros, lui seul l'a faite, peut-être parce que seul, il éprouvait avec cette acuité ces nobles et saintes impressions. Dans cette lettre, comme dans toutes celles qu'il écrivit et qui furent très nombreuses, son style reflète bien les qualités de son caractère : il est brillant et hardi, il a des images vives, des pensées très hautes, avec des phrases d'une incomparable douceur. Qu'il parle de malheurs ou d'espérances, sa vigueur ne fléchit jamais, elle est ardente dans les souffrances et dans les joies, et quelquefois tempérée par une mélancolie plutôt vibrante qu'attristante.

Élu évêque d'Acanthe et vicaire apostolique du Tonkin occidental comme nous l'avons dit précédemment, il prit pour devise ce souhait de grande âme, que Dieu devait réaliser : *Fac me cruce inebriari*. Faites que je m'enivre de la croix.

.•.

Les premières années de son épiscopat concordèrent avec la mort du persécuteur Minh-Mang, la guerre et la victoire des Anglais en Chine, la délivrance des missionnaires par le commandant Lévêque ; et tout de suite, en homme habile et fort, sachant comprendre une situation et en profiter, il résolut de prendre la liberté. Après le renvoi spontané de Mgr Lefebvre, il mit ce dessein à exécution avec plus de hardiesse.

Sans doute, les anciens édits faisaient toujours loi, les prisons gardaient leurs confesseurs, sans être recherchées, les accusations contre les chrétiens continuaient d'être accueillies, et les dénonciateurs des prêtres indigènes ne cessaient pas de toucher la prime de leur délation. Mais il n'y avait plus ou presque plus de martyrs, et surtout on ne s'attaquait plus aux missionnaires européens.

A quoi bon ! puisque le roi les relâchait et subissait ainsi un échec. Mgr Retord saisit le point précis de cet état de choses ; et immédiatement, par un changement de front rapide, il marcha de l'avant.

Depuis longtemps, les missionnaires se dissimulaient, les catholiques restaient dans l'ombre ; dès lors, les catacombes s'entr'ouvrirent : évêque, missionnaires, prêtres indigènes, chrétiens apparurent, célébrant les fêtes de l'Eglise dans tout leur éclat, chantant des messes solennelles et faisant des processions publiques. Dans certaines contrées du Nord, le printemps succède brusquement à l'hiver ; hier la neige couvrait le sol, aujourd'hui un tapis de verdure la remplace. Tel fut le spectacle que présenta la mission du Tonkin occidental.

.˙.

L'évêque n'avait pas pas seulement compris la situation générale, il avait saisi le caractère des foules. « Remuez les masses, a dit de nos jours un homme politique, des fêtes, des chants, des rassemblements suffisent pour donner au peuple le sentiment de sa force. »

Mgr Retord trouva dans son cœur d'apôtre une inspiration qui le conduisit par la même route. Mais il mit le ciel de son côté. Ce n'était pas en vain que, séminariste et jeune prêtre, il était allé se prosterner aux pieds de Notre-Dame de Fourvière : son âme avait gardé en la Reine des apôtres une invincible confiance; aussi fit-il avec elle ce pacte filial :

Je me suis mis sous la protection de la Sainte Vierge d'une manière toute spéciale, je lui ai dit : « Marie, vous êtes ma mère et je suis votre enfant, c'est pour la gloire de Jésus, le fruit de vos entrailles, que je veux travailler; ce sont les âmes qu'il a rachetées de son sang que je veux retirer de la gueule du serpent infernal; ce sont les brebis confiées à mes soins que je veux paître. Pour cela, je vais parcourir ma mission dans tous les sens, j'irai dans les montagnes et dans la plaine; je voguerai sur les fleuves et sur la mer; j'irai partout où il me sera possible de pénétrer, sans craindre ni les mandarins ni les fatigues; je prêcherai à voix forte tous ceux qui voudront m'entendre; mais il faudra que vous me protégiez dans toutes mes courses apostoliques, car vous êtes ma mère et je suis votre enfant. Vous corrigerez mes imprudences, si j'en fais; vous me retirerez du péril quand je m'y serai trop exposé, et cela ne vous coûtera pas beaucoup, vous êtes si puissante! Je vous confie mon sort; entre vos mains, il sera mieux qu'entre les miennes. »

La Vierge sainte écouta la prière de son serviteur. Pendant plus de quinze ans, Mgr Retord s'en alla à travers le Tonkin, le jour et la nuit, près ou loin des mandarins, dans les villes et dans les campagnes, et jamais il ne fut arrêté.

Les fidèles hésitèrent d'abord un peu à entrer dans cette voie, si différente de celle qu'ils avaient jusque-là suivie.

L'évêque leur eut bientôt expliqué que c'était la conclusion nécessaire de l'état actuel. Puisque le roi rendait la liberté aux Français, puisque les mandarins n'osaient plus les arrêter, c'est qu'ils avaient peur; le moment de se montrer était donc venu pour les chrétiens.

Les Annamites ont l'esprit trop délié, pour ne pas saisir la justesse d'un tel raisonnement. Et d'ailleurs eussent-ils hésité à croire au résultat, qu'ils auraient dû obéir. Quand l'évêque voulait une chose, il la voulait bien et quand il l'avait nettement formulée, il entendait qu'elle s'accomplit. « Conduisez les Annamites avec un fil, disait Mgr Cuénot, mais ne lâchez jamais ce fil. » Mgr Retord n'a pas formulé la théorie; mais il l'appliqua.

.*.

Dans chacune de ses expéditions apostoliques, il prenait avec lui deux ou trois missionnaires, quatre ou cinq prêtres annamites, une vingtaine de catéchistes, et il allait de paroisse en paroisse, faisant dans chacune une sorte de mission.

Ces jours, suivant l'expression d'un témoin, étaient de grands jours, puisqu'ils commençaient avant l'aurore pour ne s'achever qu'au milieu de la nuit suivante; de saints jours, car on y priait le Seigneur de toute son âme; d'heureux jours, puisqu'on y retrouvait la paix du cœur.

L'évêque confessait et prêchait comme un simple missionnaire. Lui-même a fait le récit de ces travaux :

« Voici, en peu de mots, dit-il, comment nous procédons : on élève une grande cabane en bambous et en pailles; on l'orne de tentures à l'intérieur; on y dresse un autel qu'on décore le mieux possible; c'est là notre cathédrale, là que nos chrétiens se rassemblent, le soir, pour réciter leurs longues prières, pour faire le Chemin de la Croix, entendre l'instruction et la lecture que leur fait un catéchiste; et tous ces exercices se prolongent bien avant dans la nuit. C'est là que le matin, bien avant l'aurore, ils se réunissent de nouveau pour entendre le sermon de la messe, pendant laquelle de jeunes filles chantent à l'envi des prières correspondant à toutes les parties du saint sacrifice; c'est là encore que nos néophytes, venus de loin, couchent pendant la nuit, et mangent durant le jour. Quant à nous, une partie de notre journée se passe à recevoir la visite des chrétiens, qui, de toutes parts, nous apportent, avec leurs présents, l'expression filiale de leurs respects et de leurs félicitations, nous exposent leurs misères, nous expliquent leurs différends, et nous les égayons par le récit de mille histoires pieuses, nous les réjouissons par le bon thé que nous leur faisons boire, nous les consolons dans leurs peines, nous les réconcilions entre eux et les ramenons à Dieu par nos exhortations et nos encouragements. Le soir, nous entrons au confessionnal et n'en sortons que vers le milieu de la nuit. »

Le lendemain, le travail de la veille recommençait. Parfois le catéchiste prévenait l'évêque que, dans la paroisse, cinq ou six pécheurs endurcis ne voulaient pas aborder l'église. Et alors, Mgr Retord prenait les grands moyens, qui eussent été petits si la foi et l'affection ne les eussent relevés.

Il déclarait qu'à tel jour il bénirait le village, à tel autre jour les enfants, puis, qu'il célébrerait une messe pour les chrétiens de la paroisse.

« Mais sachez-le bien, ajoutait-il, je ne veux point bénir les enfants de ceux qui refusent d'observer leurs devoirs religieux, ni offrir pour eux le saint sacrifice. »

La menace épouvantait plus que les sermons et les reproches; elle frappait au cœur les malheureux dont la foi restait vivace malgré les défaillances; leur désir de la bénédiction et de la prière de l'évêque les amenait repentants au tribunal de la pénitence.

Si ce moyen ne réussissait pas, Mgr Retord en appelait à sa prière de prédilection : le chemin de la croix. Il prescrivait à la paroisse entière de le faire, et le succès couronnait ordinairement la ferveur de tous.

Aussi avait-il établi la pratique de cette dévotion dans toutes les paroisses de son Vicariat.

Hommes, femmes, enfants, tous savaient par cœur les méditations particulières à chaque station.

« Rien, disait-il, n'est plus attendrissant que d'entendre nos chrétiens réciter ces méditations dans leur langue chantante, sur un ton triste et doux, et avec un merveilleux accord. Oui, leurs gémissements sur la cruelle agonie de Jésus, dans ces pays lointains et idolâtres, dans cette vallée d'exil et de larmes, sont encore plus touchants que ceux des enfants d'Israël sur les rives du fleuve de Babylone. »

Les gouverneurs des trois provinces de Nghe-An, de Hanoï et de Nam-Dinh essayèrent bien de supprimer ces manifestations, ou tout au moins de faire croire à leurs administrés qu'ils voulaient les supprimer. Ils lancèrent un édit contre les catholiques.

Deux prêtres indigènes furent arrêtés, des village bloqués, M. Masson et M. Barlier durent changer de demeure pendant quelques jours, puis tout retomba dans le calme. A la façon des projectiles qui manquent leur but, l'édit fit quelque bruit et excita quelques mouvements suivis d'une complète immobilité.

Ranimés par cette audace extraordinairement heureuse, fortifiés par la prière et par la grâce, les Annamites ne redoutaient plus rien, et pratiquaient ostensiblement les devoirs de leur sainte religion.

* *

En 1846, la mission de Mgr Retord fut divisée en deux, sous le nom de Tonkin occidental et de Tonkin méridional; Mgr Gauthier fut nommé Vicaire apostolique de cette dernière partie.

CHAPITRE XVI

AVÉNEMENT DE TU-DUC. — SES ÉDITS DE PERSÉCUTION

MARTYRE DE MM. SCHŒFFLER ET BONNARD

Le roi Thieu-Tri était mort en 1847, sans avoir osé faire couler le sang d'aucun missionnaire européen. Son fils Hoang-Kham lui succéda sous le nom de Tu-Duc (postérité vertueuse) et bientôt la persécution redevint sanglante.

Le 21 mars 1851, un édit fut publié :

« Les prêtres européens, était-il dit, doivent être jetés dans les abîmes de la mer ou des fleuves, pour la gloire de la vraie religion : les prêtres annamites, qu'ils foulent ou non la croix aux pieds, seront coupés par le milieu du corps, afin que tout le monde connaisse quelle est la sévérité de la loi. Après avoir examiné ces dispositions, nous les avons trouvées très conformes à la raison.

» En conséquence, nous ordonnons à tous nos mandarins de mettre ces instructions en pratique, mais secrètement et sans les publier.

» Ainsi donc si dorénavant des prêtres européens viennent furtivement dans notre royaume pour en parcourir les provinces, tromper et séduire le cœur des peuples, quiconque les dénoncera ou les livrera aux mandarins recevra huit taëls d'argent et de plus la moitié de la fortune des recéleurs du prêtre ; l'autre sera dévolue au fisc.

» Quant aux receleurs petits ou grands, peu importe qu'ils aient gardé l'Européen chez eux longtemps ou peu de jours, ils seront tous coupés par le milieu des reins et jetés au fleuve, excepté les enfants qui n'ont pas encore atteint l'âge de raison : ceux-ci seront transportés en exil au loin. »

.·.

Un missionnaire français, Augustin Schœffler, âme très douce, d'une angélique piété, était en prison depuis un mois quand l'édit de Tu-Duc fut expédié. Il avait été arrêté le 1ᵉʳ mars dans la province de Son-tay, à peu de distance de la paroisse de Bau-nô. Cette région était alors infestée par les rebelles et les pirates, et une police spéciale avait été créée pour mettre fin à leur brigandage. Le missionnaire fut dénoncé. Il en fut averti et résolut de changer d'asile ; mais, croyant que les païens ne mettraient leur projet à exécution que pendant la nuit, les chrétiens jugèrent prudent de faire partir le prêtre pendant le jour. Malheureusement les espions connurent ce dessein et dressèrent une embuscade.

La route de Bau-nô au hameau que voulait gagner M. Schœffler, court par un sentier tortueux, au milieu de monticules déserts ; elle est bordée de buissons et de touffes de bambous : des satellites furent postés derrière les arbres et dans les ravins, avec ordre de se saisir de ceux qu'ils ne connaissaient pas personnellement. Un prêtre indigène et deux élèves, compagnons de M. Schœffler, quittent les premiers Bau-nô, allant en éclaireurs ; tout d'un coup, de chaque buisson sort un soldat qui se jette sur eux et les fouille : la custode, les saintes huiles, un livre de prières sont trouvés ; il n'y avait plus de doute, on était en présence des disciples de l'Européen, et celui-ci paraîtrait bientôt. Les satellites reprirent leur poste d'observation, leur prévision était juste. Quelques heures après, M. Schœffler passa : il fut aussitôt entouré et garrotté.

Son martyre commençait, il s'en réjouit, car il l'avait désiré : « Je ne sais ce qui m'adviendra, avait-il écrit avant de quitter la France; mais le pire qui puisse m'arriver c'est de recevoir un petit coup de sabre, et vous savez si ce verre de sang offert à mon Sauveur me ferait de la peine... Mais je crois bien que mes péchés feront que je manquerai cette circonstance si belle. »

Cette humilité monta jusqu'à Dieu qui exauça le vœu de son apôtre.

.*.

Avant de livrer le prisonnier aux mandarins supérieurs, le chef de la police du canton permit au captif de se racheter, fixant sa rançon à une barre d'or et 100 barres d'argent. Le missionnaire affirma qu'il ne possédait pas cette somme et ne pouvait se la procurer. Le chef fut inflexible. On sut plus tard que ce n'était là qu'une ruse pour obtenir de l'argent. M. Schœffler le devina peut-être; mais il répondit comme s'il croyait la proposition loyale :

« — Hé bien, dit-il, puisque vous demandez absolument cette somme pour mon rachat, mettez en liberté mes quatre disciples; eux seuls savent où ils pourront la prendre. »

La réflexion parut juste et les quatre prisonniers furent relaxés.

Schœffler, se voyant alors seul, sans aucun chrétien compromis à son occasion, en ressentit une vive joie, et il engagea les satellites à se livrer promptement aux juges plutôt que de lui faire acheter sa liberté.

Les gardes attendaient le retour des prisonniers délivrés, qui devaient apporter la rançon. Le prêtre indigène, compagnon de M. Schœffler, avait en effet déjà réuni une dizaine de barres d'argent, et il les apportait comme un acompte, lorsqu'il rencontra des fidèles qui l'avertirent de la mauvaise foi du chef de la police, résolu à l'arrêter de nouveau, à garder l'argent et à livrer le missionnaire. Le prêtre rebroussa chemin, et les satellites, après une attente plus ou moins longue, se voyant joués, conduisirent M. Schœffler aux grands mandarins de Son-tay.

Le confesseur de la foi subit en leur présence un interrogatoire judiciaire sur son nom, sa patrie, sa condition, sur ce qu'il avait fait depuis son arrivée, les villages qu'il avait habités, les lieux qu'il avait parcourus. On lui demanda à qui appartenaient les objets religieux pris avec lui ; si, avant de venir dans ces contrées, il savait que la religion chrétienne y était strictement défendue.

L'accusé répondit à toutes les questions, excepté à celles qui auraient pu compromettre les catholiques.

．．

Augustin Schœffler fut condamné à mort le 11 avril et exécuté le 14 mai 1851.

Quand le moment de quitter la prison fut venu, le jeune missionnaire jeta au loin ses sandales pour aller plus légèrement et plus vite à la mort. Il s'avançait comme un triomphateur au milieu de ses gardes et de ses bourreaux, le visage riant, la tête haute, tenant dans ses mains sa chaîne relevée et récitant d'ardentes prières.

Arrivé au lieu du supplice, il se mit un instant en prière, à genoux sur le bord d'un champ, et offrit à Dieu le sacrifice de sa vie ; puis il prit dans ses mains un petit crucifix qu'il portait sur lui, et le baisa trois fois avec une tendre émotion. Sur l'invitation du bourreau, il quitta sa tunique, rabattit sa chemise sur ses épaules avec aisance et promptitude.

L'exécuteur lui ayant lié les mains derrière le dos, il s'agenouilla, les yeux vers le ciel, et dit :

« — Faites promptement ce que vous avez à faire. »

C'étaient les paroles du Sauveur à Judas.

Le bourreau tremblait et au troisième coup de sabre seulement l'apôtre consomma son sacrifice [1].

---

[1]. Le Musée de l'Œuvre de la Propagation de la Foi, rue Sala, 12, à Lyon, conserve précieusement plusieurs reliques et un tableau représentant le martyre du Vénérable Schœffler.

Sa tête fut jetée au fleuve et resta engloutie. Son corps, emporté par les fidèles, fut enterré dans la maison d'un chrétien habitant une paroisse voisine.

Celui-ci ne tarda pas à éprouver les vertus bienfaisantes des restes vénérés qui reposaient sous son toit. Depuis longtemps, attaqué d'une grave maladie et très attristé de n'avoir pas d'enfants, il eut bientôt la joie de recouvrer une santé parfaite et d'être père d'un fils.

∗ ∗ ∗

Vauvenargues a dit : « Le soleil ni la mort ne peuvent se regarder en face. » Il s'est trompé ; il y a une race d'hommes à qui la mort ne fait ni baisser, ni détourner les yeux. Elle vient à eux, le doigt toujours posé sur ses lèvres qui gardent l'éternelle énigme ; elle vient, terrible, inévitable : ils la voient, ils lui sourient et lui ouvrent les bras. C'est que mourir n'est pas pour eux comme pour les autres hommes. Ce n'est pas la dernière fonction de la vie organique que le matérialiste essaye d'accomplir sans trembler. Ce n'est ni la fin que le jouisseur redoute pour ses plaisirs, ni celle que le désespéré cherche pour ses douleurs. C'est un acte de foi dans la parole de Dieu, le témoignage de confiance le plus parfait que le chrétien puisse donner à Jésus-Christ. Les martyrs meurent avec joie, et leur mort est grande parce qu'ils meurent d'aimer un Dieu.

Ainsi en avait-il été d'Augustin Schœffler ; ainsi en fut-il de Jean-Louis Bonnard, qui alla célébrer au Ciel l'anniversaire de son compagnon d'armes.

∗ ∗ ∗

Né le 1ᵉʳ mars 1824, à Saint-Christôt-en-Jarret, département de la Loire, Bonnard est une de ces figures simples et calmes, dont la vie et la mort ne seraient jamais remarquées que de leurs proches, si Dieu lui-même n'entourait leur front d'une auréole de gloire. Missionnaire du Tonkin depuis 1849, il fut arrêté le

21 mars 1852, dans la petite chrétienté de Boi-xuyên, dépendante de la paroisse de Ke-bang, et ensuite conduit à Nam-dinh. Dès que la porte de son cachot se fut refermée sur lui, sa première pensée fut d'écrire à son évêque une lettre, qu'il terminait par ces paroles pleines de foi :

« J'ai sur moi mon scapulaire, ma médaille et ma croix : ce sont là avec ma cangue et ma chaîne des trésors, que je n'échangerais pas contre ceux d'un monarque. »

L'évêque lui répondit aussitôt, « non pas, dit-il, qu'il eût besoin de nos exhortations pour parcourir vaillamment jusqu'au bout la noble et glorieuse carrière, mais, pour nous, c'était une consolation bien douce de répandre sur lui le parfum de notre affection ».

Voici cette lettre si pleine d'amour divin et de tendresse humaine :

« Votre arrestation m'a beaucoup affligé selon la chair, car il m'est bien douloureux de vous perdre, au moment où vous pouviez rendre de grands services à la mission. Vous avez bien du bonheur d'être, d'une manière si visible, le bien-aimé du Dieu des souffrances ; sans cela, j'aurais eu envie de vous faire quelques reproches. Pourquoi quitter le grand village de Ke-bang, d'où votre travail pouvait rayonner au loin, pour aller vous jeter dans cette impasse de Boi-xuyên ?

» Vous y faisiez une si riche moisson ! Les gerbes y étaient si nombreuses, si pesantes, et les épis pleins du froment le plus pur !

» Vous faisiez couler avec tant d'abondance des pressoirs du père de famille, ce vin généreux qui fait germer les plus belles vertus !...

» Mais non, je ne veux pas vous gronder : c'est Dieu qui l'a voulu ainsi ; vous y gagnerez le ciel et il en tirera sa gloire et celle de son Église. Seulement je suis triste de n'être pas de la partie. Quelle belle carrière que celle des martyrs !

» Oh ! je suis plus que triste, je suis jaloux de vous voir partir avant moi pour la patrie céleste, par le chemin le plus sûr et le plus court, tandis que je reste encore sur cette mer orageuse, sans savoir quand je parviendrai au port, sans même être assuré d'y parvenir jamais.

» Moi, votre évêque, moi, le vieux capitaine de vingt ans de service en terre étrangère, sans compter mes trois ans de premières armes en pays natal, ne devais-je pas être couronné avant vous ? Comment osez-vous me supplanter ainsi ?

» Mais je vous pardonne, parce que c'est Dieu qui l'a voulu ; vous êtes à ses yeux un fruit mûr pour le ciel, un fruit qu'il va bientôt cueillir.

» Allez donc en paix, enfant gâté de la Providence, allez jouir du triomphe qui vous attend. Je vous admire d'avoir été choisi de si bonne heure, pour combattre le grand combat des héros chrétiens ; je vous porte envie, il est vrai, mais c'est une envie d'amour, une jalousie de tendresse. Il est certain que vous serez mis à mort, préparez-vous y donc le mieux que vous pourrez. Que vous êtes heureux ! les jours de votre pèlerinage sur la terre vont bientôt finir : bientôt vous irez rejoindre les Borie, les Cornay, les Schœffler, les autres apôtres et martyrs de cette mission. Ah ! qu'ils seront satisfaits de vous voir entrer dans leur glorieuse phalange ! »

* *

Le procès suivit son cours ordinaire. Lorsque la sentence fut prononcée, Mgr Retord écrivit de nouveau au captif.

Cette fois, sa voix se fait plus douce, sa tendresse plus grande avec une mélancolie résignée, qui avive le charme de la parole de l'évêque à son prêtre :

« Soyez tranquille, mon bien-aimé, toutes vos intentions seront remplies, toutes vos commissions seront faites. Je prendrai un soin tout spécial de vos chers compagnons de captivité et des autres personnes auxquelles vous portez intérêt. Je serai pour eux un bon père. Vous me demandez pardon, mais je ne sais quel pardon vous donner : vous ne m'avez jamais offensé en rien.

» Vous savez que je vous ai toujours sincèrement aimé, et maintenant je vous aime plus que jamais. La bénédiction que vous sollicitez, je vous l'ai donnée dès l'époque de votre arrivée dans cette mission : elle est restée sur vous jusqu'à ce jour, elle vous suivra jusque dans l'éternité. Oui, je vous bénissais, quand je vous donnai le beau nom de Cô-Huong, c'est-à-dire Père la Patrie, Père l'Encens, Père le Parfum, car le mot Huong signifie tout cela. Or, c'est maintenant que cette aimable patrie va vous apparaître dans toute sa splendeur, et que vous allez être un de ses habitants, c'est maintenant que cet encens précieux va brûler sur l'autel du martyre et que sa fumée va monter jusqu'au trône de l'Eternel, c'est maintenant que ce parfum admirable va plaire à Jésus comme celui de Marie-Madeleine, et réjouir par sa bonne odeur les anges et les hommes, le ciel et la terre. Je vous ai donc béni il y a longtemps, cependant je vous bénis encore. Que la force de Dieu le Père vous soutienne dans l'arène des héros où vous allez entrer; que les mérites de Dieu le Fils vous consolent sur le Calvaire, où vous allez monter, que la charité de Dieu le Saint-Esprit vous enflamme dans le cénacle de votre prison, d'où vous allez sortir pour cueillir les palmes des martyrs »

M. Bonnard était à la hauteur de ces nobles sentiments; les lettres qu'il adressa à sa famille, à ses amis, à son évêque en font foi. Nous aimons à citer la dernière qu'il écrivit comme on aime à redire les paroles d'un mourant, et ici, c'est plus qu'un mourant ordinaire, c'est un témoin de Jésus-Christ :

« Monseigneur et mes chers confrères, disait-il le 30 avril, voici la dernière lettre que je vous écris. Mon heure solennelle est sonnée : adieu! adieu! Je vous donne à tous rendez-vous au ciel, c'est là que j'espère vous revoir; je n'aurai plus la douleur de vous quitter. J'espère en la miséricorde de Jésus, j'ai la douce confiance qu'il m'a pardonné mes innombrables fautes, j'offre volontiers mon sang et ma vie pour l'amour du bon Maître et pour ces chères âmes que j'aurais tant voulu aider de toutes mes forces.
» Demain, samedi 1er mai, fête des saints Apôtres Philippe et Jacques et anniversaire de la naissance de M. Schœffler au ciel, voilà, je crois, le jour fixé pour mon sacrifice, *Fiat voluntas Dei.* Je meurs content. Que le Seigneur soit béni! Adieu à tous dans les saints cœurs de Jésus et de Marie. *« In manus tuas, Domine, commendo spiritum meum. In corde Jesu et Mariæ osculor vos, amici mei. Vinctus in Christo.*
» La veille de ma mort, 30 avril 1852. »

L'exécution eut en effet lieu le 1er mai. Le matin de ce jour, M. Bonnard reçut encore la sainte communion; s'unir à Dieu avant de mourir pour lui, avant d'aller le voir face à face et sans voile, avant d'aller recevoir la couronne éternelle de gloire et d'amour, n'est-ce pas, en vérité, le résumé de toutes les joies humaines et célestes que l'homme peut goûter?

L'emplacement choisi pour le supplice était à environ une lieue et demie, au-dessous de la ville de Nam-dinh, sur les bords du fleuve. Le martyr fit ce trajet à pied, chargé de sa cangue et de sa chaîne. Arrivé au lieu de l'exécution, le mandarin s'aperçut que l'on avait oublié d'apporter les instruments nécessaires pour couper la cangue et briser les fers. On mit au moins une heure pour les aller chercher, et le soldat de Jésus-Christ resta tout ce temps à genoux, droit et ferme. Lorsqu'enfin l'opération fut faite, le chef donna le signal et la tête du prêtre tomba sous le sabre du bourreau.

Conformément aux instructions supérieures, les mandarins firent aussitôt brûler la terre rougie du sang du martyr, afin d'empêcher les chrétiens de la recueillir, ils firent ensuite porter le corps dans une barque montée par une compagnie de soldats en armes ; un officier passa sur une seconde barque avec sa garde. Tous avaient des vivres pour trois jours et des munitions comme s'ils allaient faire une expédition lointaine et dangereuse. C'était une ruse et personne ne l'ignorait. Mgr Retord avait donné des ordres pour qu'on lui apportât les restes du martyr, qu'il voulait garder à l'église de Dieu. Un canot, appartenant à des catholiques, voguait devant la flottille mandarinale, observant ses faits et gestes. A la nuit, l'officier l'arrêta et le corps du missionnaire fut jeté dans les flots.

Du canot, les chrétiens aperçurent ce mouvement, et lorsque les barques des persécuteurs virèrent de bord, ils revinrent rapidement en arrière, relevèrent le cadavre et le portèrent immédiatement au collège de Vinh-tri.

Il était une heure du matin. Mgr Retord fut averti que le précieux trésor lui était rendu : il fit mettre le corps dans un cercueil et le plaça, la face découverte, au milieu de l'église; longtemps il demeura agenouillé ; priant de toute son âme celui qui avait nommé son fils et qu'il appelait maintenant son protecteur : « Oh ! qu'il était beau, écrivait-il au lendemain de cette veillée funèbre, qu'il était beau couché dans sa bière et revêtu des habits sacerdotaux ! On aurait dit une statue du plus bel ivoire. Sa tête bien ajustée à son cou semblait dormir d'un paisible sommeil, ou plutôt semblait être en extase et avoir une céleste vision qui le faisait sourire [1]. »

La nuit suivante, l'évêque célébra les obsèques, mais à voix basse, entouré de prêtres et de rares chrétiens très sûrs, qui connaissaient seuls le secret ; puis il enterra l'apôtre dans le collège de Vinh-tri.

[1]. Le Musée lyonnais de l'Œuvre de la Propagation de la Foi a plusieurs reliques du Vénérable Bonnard.

CHAPITRE XVII

NOUVELLES PERSÉCUTIONS. — M. DE MONTIGNY

La terre du Tonkin avait bu le sang des Cornay, des Borie, et de centaines d'autres victimes tombées pour l'honneur de Dieu et de la Sainte Église. Un instant Tu-Duc laissa quelque répit aux chrétiens. Hélas ! ce n'était pas la paix, mais une simple trêve que l'ennemi employa pour préparer de nouvelles armes.

.

A la cour, deux partis étaient en présence : l'un voulait qu'on en finît avec la religion ; l'autre, par politique ou par humanité, penchait vers la tolérance. Incertain de la voie à suivre, ou désireux de se laisser forcer la main, Tu-Duc tint de nombreux conseils sur la question religieuse de 1853 à 1855. Chacun des hauts mandarins traçait le plan qu'il considérait comme le meilleur. Le gouverneur du Binh-dinh, province de Cochinchine, voulait faire des catholiques une caste de parias, et lasser leur constance à force de vexations ; un autre grand mandarin, plus modéré, proposait ceci : « Qu'on persécute encore pendant trois ou quatre ans, après quoi, on laissera les chrétiens en paix. On proposera à chacun de fouler la croix ; ceux qui obéiront auront une ligature de récompense ; ceux qui s'y refuseront, seront punis d'une amende de six masses. »

Evidemment, celui-là était pour les moyens économiques.

Tu-Duc rejeta ces moyens, comme absolument insuffisants :

« Comment, dit-il, il y a près de vingt ans que nous employons tous nos efforts pour arracher les chrétiens à leur religion ; nous n'avons encore rien gagné, et vous croyez qu'en trois ou quatre ans, on viendra à bout de les convertir ! »

D'autres mandarins proposaient des mesures plus sérieuses et plus redoutables : « Décapiter tous les missionnaires européens, assommer à coups de bâton les prêtres indigènes, étrangler les catéchistes et les étudiants ecclésiastiques. Peine de mort pour quiconque cache un proscrit dans sa maison et pour tout maire de village qui ne le dénonce pas. Peine de mort contre tout mandarin chrétien qui refuse d'abjurer. Tout fonctionnaire sur le territoire duquel on arrêtera un prêtre, perdra sa place. Récompense de cinq cents taëls à qui livre un prêtre européen, et de cent taëls à qui livre un prêtre annamite. »

Le vice-roi du Tonkin, Thuong-Giai, écrivit aussi son rapport qui fut un des plus curieux. Il inclinait à l'indulgence et à la liberté religieuse ; mais, pour ne pas choquer trop vivement le prince, il usait de détours, afin de lui faire accepter la vérité. A ce titre, c'est un spécimen achevé de diplomatie annamite, que Mgr Retord caractérisait en ces termes :

« Il y a de tout dans cette pièce curieuse, du bon sens et de l'absurde, du vrai et du faux, du sérieux et du ridicule ; mais ce qui domine certainement, à travers la phraséologie embarrassée d'un rhéteur qui veut dire la vérité, sans choquer trop fortement le maître, c'est la bienveillance à l'égard des fidèles et le désir très sincère d'arrêter la persécution. »

.•.

Ni les sages et politiques représentations du vice-roi du Tonkin, ni celles, très fermes aussi, du vice-roi de la Basse-Cochinchine qui s'était refusé, pour sa part, à publier l'édit de 1851, ne devaient l'emporter sur les conseils de la haine.

Après trois ans de délibérations, de projets et de contre-projets, le 18 septembre 1853, l'édit de proscription générale fut porté. En vertu de ce décret, les mandarins chrétiens avaient un mois pour abjurer, les soldats et le peuple, six mois ; les catholiques ne pouvaient concourir pour aucun degré littéraire, ni exercer aucune charge ; quiconque arrêtait un prêtre européen, avait droit à trois à cents clous d'argent (2,400 fr.) et un prêtre annamite à cent clous (800 fr.) ; la peine de mort était prononcée contre tout prêtre européen et annamite. On intima aux mandarins l'ordre absolu de veiller à la stricte exécution de cet édit. Cette fois, Tu-Duc et ses ministres voulaient être obéis.

A la nouvelle de cette ordonnance qui présageait de terribles malheurs, le pieux vicaire apostolique du Tonkin central, Mgr Diaz, écrivit ces courageuses paroles :

« Si le Seigneur n'a pas résolu d'arrêter encore la fureur de nos ennemis, si nous devons à notre tour entrer dans la voie du martyre et suivre les traces de nos vénérables prédécesseurs, je conjure toutes les âmes pieuses d'intercéder pour nous, afin que la grâce du Saint-Esprit nous assiste dans les combats que nous aurons à soutenir jusqu'au moment de répandre la dernière goutte de notre sang par amour pour Dieu et pour la rémission de nos péchés.

» Qu'elles prient surtout pour celui de tous qui en a le plus besoin et qui, à titre de pasteur, doit donner le premier l'exemple de l'immolation, avant de souffrir que ses brebis soient dévorées ! »

Cet appel fut entendu. L'univers catholique se mit en prières, et les chrétiens annamites, sous la conduite de leurs intrépides pasteurs attendirent avec une humble patience les jours terribles d'une persécution jusqu'alors inouïe.

.•.

Un rayon de soleil vint cependant briller dans ce ciel tout chargé de tempête ; mais, hélas ! pour s'évanouir bientôt.

Les persécutions sans cesse renouvelées et l'accroissement du commerce européen décidèrent Napoléon III à établir des relations plus fréquentes et plus directes entre la France et l'Extrême-Orient. Il envoya un plénipotentiaire, M. de Montigny, chargé de négocier des traités avec le Siam, le Cambodge et la Cochinchine. Le diplomate était autorisé à s'occuper de la question religieuse, et à réclamer pour les missionnaires le droit de vivre en paix et de prêcher librement les vérités catholiques.

Malheureusement, par suite de circonstances indépendantes de la volonté de tous, les navires français, au lieu de se présenter en même temps sur les côtes d'Annam, n'arrivèrent que les uns après les autres.

Retardé par la tempête, M. de Montigny ne jeta l'ancre dans les eaux de Tourane que le 23 janvier 1857. Il était trop tard. Le roi d'Annam, revenu de sa première frayeur, encouragé secrètement par la Chine, avait eu le temps d'organiser la résistance et de se préparer à tenir tête à ces barbares d'Occident, qui n'étaient pas après tout si redoutables, puisqu'ils partaient les uns et les autres, sans se venger des refus persistants opposés à leurs demandes. Après quelques essais inutiles de négociations, le plénipotentiaire français, n'ayant ni vaisseau ni soldats pour appuyer ses paroles, se vit forcé à son tour de quitter Tourane et de passer à Hong-Kong. Mais avant de s'éloigner, il eut, dans sa générosité chevaleresque, la pensée d'écrire à Tu-Duc, pour lui recommander les chrétiens et les missionnaires, le menaçant de la colère de la France, s'il osait encore les mettre à mort.

.*.

Le départ des vaisseaux français jeta la consternation dans le cœur de tous les catholiques annamites, des frontières de Chine à celles du Cambodge.

« Jamais déception plus navrante pour nos chrétiens, s'écriait le Vicaire apostolique du Tonkin occidental. Et nous, il faut bien l'avouer, nous avons éprouvé un indicible serrement de cœur en voyant s'écrouler si vite tout l'édifice de nos plus chères espérances, en entendant répéter autour de nous des plaintes accusatrices et des propos extrêmement durs pour nos oreilles françaises. Sont-ce là, disait-on, vos compatriotes si vantés? C'était bien la peine de venir de si loin, s'ils ne voulaient que manger des buffles, aller à la chasse aux singes, ou se promener en amateurs sur les rivages de la mer! Ils sont venus sans que nous les ayons appelés, et ils nous quittent après nous avoir compromis. Ils ont commencé par une bravade et fini par une lâcheté. Voilà quelque-unes des belles paroles qui traduisaient autour de nous le désappointement général. Il est vrai qu'elles étaient injustes : M. de Montigny a fait tout ce que l'on pouvait attendre d'un homme de cœur, son dévouement ne s'est arrêté que devant l'impossible. »

Après le passage du plénipotentiaire français, la haine de Tu-Duc et des mandarins redoubla. Cette intervention de l'étranger dans les affaires de leur pays leur sembla un crime des missionnaires et des chrétiens.

***

Un édit fut publié au mois de mai, ordonnant aux chefs et sous-chefs de canton, aux maires et adjoints des communes de faire de nouveaux et plus vigoureux efforts, pour arrêter les prêtres européens et annamites.

Quelques jours plus tard, un second édit renforça le premier; puis un troisième fut publié le 7 juin.

Mgr Diaz fut la première et la plus illustre victime de cette persécution. Sa mort ne calma pas la rage des persécuteurs. La mission du Tonkin eut néanmoins, au mois de septembre 1857, un moment de soulagement, lorsque le *Catinat*, bâtiment français, et le *Pily*, steamer affrété par le consul d'Espagne à Macao, vinrent réclamer Mgr Diaz; il était trop tard!

La présence de M. Kleczkowski, secrétaire de l'ambassade française en Chine, et de M. Narcisse Caneta, consul espagnol, laissa néanmoins, dans l'âme des malheureux Tonkinois, des sentiments de reconnaissance. On regretta de part et d'autre l'insuccès d'une tentative qui ne fut ni assez sérieuse ni assez prolongée, et qui, hélas, ne fit, comme la précédente, qu'augmenter la fureur des ennemis du christianisme.

CHAPITRE XVIII

LA FRANCE EN ANNAM

Tous ces massacres avaient douloureusement retenti en Europe, particulièrement en France et en Espagne.

Un évêque de Cochinchine, Mgr Pellerin, était venu à Paris exposer à l'empereur Napoléon III l'affreuse situation des catholiques d'Annam.

La France se mit d'accord avec l'Espagne pour venger la mort de ses nationaux et soutenir en Indo-Chine la cause de la civilisation.

* *

Le vice-amiral français Rigault de Genouilly et le colonel espagnol Lanzarote furent placés à la tête de l'expédition franco-espagnole, dont on espérait les plus brillants et les plus prompts succès, glorieux pour les deux nations, très utiles pour les missions.

La campagne commença bientôt et, le 31 août 1858, les alliés s'emparèrent de Tourane, après quelques heures de bombardement. Peut-être à ce moment eussent-ils pu, par une marche rapide, gagner Hué, s'en rendre maîtres, imposer au roi les volontés de la France et de l'Espagne, et laisser les forces nécessaires pour les faire exécuter.

Mais, ne connaissant pas suffisamment le pays où il combattait, les coutumes et les mœurs des habitants, le commandant français de l'expédition, l'amiral Rigault, hésita, s'arrêta, et resta cinq mois devant Tourane.

En vain, Mgr Pellerin le pria de marcher sur Hué, dont il aurait eu facilement raison. A toutes les sollicitations, l'amiral opposa un refus persistant. On a dit depuis qu'il attendait les chrétiens, et à ce sujet on a accusé les missionnaires d'avoir fait concevoir à l'empereur de fausses espérances.

C'est là une exagération des partis, oublieux des principes et des traditions de l'Eglise catholique, qui enseigne partout et toujours l'obéissance aux souverains, fussent-ils persécuteurs. Et de plus, c'était une impossibilité.

Comment, en effet, les chrétiens, perdus au milieu des populations païennes, dans la proportion d'un sur cinquante, soumis d'ailleurs à la surveillance la plus sévère dans chaque village, eussent-ils pu se concerter pour tenter une diversion en faveur de nos compatriotes? Ils eussent été écrasés sans aucune utilité pour personne.

Il y a quelques années, répondant à ce même reproche, qu'un député portait à la tribune de la Chambre, Jauréguiberry, notre ministre de la marine, ajoutait avec un grand bon sens:

« On a dit que l'amiral Rigault de Genouilly avait eu, dans les premiers temps, de grandes désillusions; qu'on lui avait assuré que, dès que nous interviendrions sérieusement, cinq cent mille chrétiens annamites se lèveraient en notre faveur. Eh! bien, j'avoue, moi qui ai coopéré plus tard à l'expédition de Cochinchine, que nous eussions été fort embarrassés par un semblable soulèvement; car enfin il aurait fallu sans doute donner des armes à ces cinq cent mille hommes, et peut-être aussi des vivres, ce qui eût été fort difficile. Je crois donc qu'il était bien préférable que les chrétiens restassent tranquilles dans leurs villages. »

Mais il y avait d'autres moyens de succès qu'on aurait pu

employer, qui, il y a quelques années encore, n'avaient pas perdu toute leur valeur, et dont on se garda bien.

Mgr Retord lui en indiqua un, le principal et le meilleur :

« Si M. l'amiral veut faire les choses d'une manière solide et durable, glorieuse pour la France et pour la Religion, il faut qu'il s'empare du pays au nom et pour le compte de la France, ou qu'il y mette un roi chrétien sous la protection de la France, qui garderait le port et les îles de Tourane. »

Malgré ces conseils, Rigault de Genouilly s'immobilisa sur le rivage annamite.

Cette conduite lui a été vivement reprochée. Peut-être serait-il juste d'être plus indulgent. Nous qui avons vu et voyons tous les jours les difficultés des conquêtes lointaines et la rareté des pacifications rapides, nous sommes moins portés à blâmer l'amiral qui, n'ayant avec lui que fort peu de troupes, craignant d'être mal soutenu par son gouvernement, n'osait s'avancer très loin.

Il est certain que, s'il eût agi autrement, la victoire eût été facile ; mais il est également certain que de graves difficultés eussent surgi le lendemain de la victoire.

Nous ne voulons pas nous poser en défenseurs de l'amiral Rigault ; mais il nous a paru bon d'indiquer quelques motifs de ses hésitations.

.˙.

Malheureusement, pendant ce temps, la persécution battait son plein dans tout le royaume d'Annam.

Ce fut une des plus terribles époques des Églises du Tonkin.

Le patriotisme s'unit à la haine religieuse pour soulever contre elles un formidable orage. De nombreux prêtres indigènes séculiers et dominicains, des centaines de catéchistes, des milliers de fidèles, furent emprisonnés et torturés. Beaucoup d'entre eux furent mis à mort ou envoyés en exil. Les villages chrétiens furent pillés ou brûlés ; les biens des catholiques donnés aux païens.

Au milieu de cette tourmente, le 22 octobre 1858, mourut de misère, réfugié dans les forêts de Dong-bau, le Vicaire apostolique du Tonkin occidental, Mgr Retord, dont le nom est resté synonyme d'héroïsme apostolique.

« Il était le bien-aimé de Dieu et des hommes, dit un évêque espagnol ; aussi sa mort a été un deuil général pour les chrétiens annamites. Une si triste nouvelle nous a tous plongés dans la plus grande douleur ; Mgr Hermosilla, surtout, en a été vivement affligé. Ce prélat se regardait comme son fils, parce qu'il avait reçu la consécration épiscopale de ses mains, et on l'entendait répéter en sanglotant : « Mon père est mort ! J'ai perdu mon père ! » Pour moi, c'est une consolation, après l'avoir beaucoup pleuré, de payer mon tribut d'éloges à la mémoire d'un père, d'un ami et d'un frère d'armes dans les combats du Seigneur. »

« On ne saurait croire, disait Mgr Forcade, de quelle immense popularité Mgr Retord jouissait dans les missions d'Asie ; son nom remplissait tout l'Extrême-Orient ; sans distinction de nationalité, ni de culte, on vénérait en lui la plus haute expression du courage, de la capacité et de la vertu. »

Qu'on se rappelle, en effet, le dévouement de son clergé, électrisé par son exemple et toujours prêt au martyre ; la confiance de ses néophytes qui pensaient n'avoir plus rien à craindre dès qu'ils étaient sous la sauvegarde de sa présence ; l'amitié des plus illustres mandarins, qu'il eut le secret d'associer à ses œuvres chrétiennes ; l'admiration des païens, qui saluaient en lui le grand Roi de la Religion.

CHAPITRE XIX

MARTYRE DE M. NÉRON

Depuis le début de l'expédition franco-espagnole, les édits de persécution se succédaient avec une rapidité effrayante. Au mois d'octobre 1859, Tu-Duc ordonna d'arrêter les principaux chrétiens et de faire le catalogue de tous les autres, depuis l'âge de quinze ans. Un édit du 16 décembre de la même année condamna à mort les mandarins chrétiens des degrés supérieurs; les mandarins chrétiens des degrés inférieurs furent condamnés à la même peine, mais avec sursis.

L'édit du 17 janvier 1860 commençait en ces termes:

« Depuis longtemps la religion perverse des chrétiens a pénétré dans ce royaume; elle s'est répandue partout et a séduit le peuple. Des ordonnances sévères la prohibent; quand les chrétiens sont dénoncés, on les punit sans miséricorde; mais ces gens sont si profondément aveugles, qu'un grand nombre demeurent encore attachés à cette religion perverse. Lorsque les navires sauvages sont venus ici sans aucun motif, ils ont d'abord demandé à faire alliance avec nous, et nous ont prié d'accorder la liberté de religion... Les sectateurs les plus notables de cette religion perverse pensent qu'à la prière de ces barbares nous révoquerons peut-être les édits qui la condamnent... Il faut donc les châtier une bonne fois, et séparer le bon grain d'avec l'ivraie, le peuple fidèle d'avec ces chrétiens pervers. »

Après les édits généraux vinrent les édits particuliers : il y en eut contre les soldats, contre les maires; il y en eut même un contre les religieuses.

.*.

Au milieu de l'année 1860, un missionnaire français, M. Pierre Néron, fut fait prisonnier. Fils d'un pauvre paysan de Bornay dans le Jura et missionnaire au Tonkin de 1848 à 1860, M. Néron s'était, pendant ce temps, livré aux travaux les plus divers avec une entière obéissance.

Professeur et supérieur du séminaire de Ke-vinh, il composa ou traduisit en langue annamite des précis d'arithmétique, d'algèbre et de géométrie.

Chargé de visiter les petits et grands séminaires du Tonkin, il tomba, en 1854, entre les mains d'un chef de douane qui le relâcha pour la somme de 640 francs. Placé à la tête d'un district de quatre paroisses renfermant seize mille chrétiens et situé dans la province de Son-tay, il fut arrêté une seconde fois en 1858, par un chef de canton païen, qui d'ailleurs se contenta de trois cents ligatures.

A la fin de 1859, lorsque la persécution sévit le plus violemment, il s'enfuit dans les montagnes. Un jour, il s'y égara et ce ne fut qu'après vingt-quatre heures que ses catéchistes le retrouvèrent étendu sans mouvement, épuisé de fatigue et de faim.

Après avoir, pendant dix mois, erré d'asile en asile, il vint enfin se cacher dans une maison isolée à l'entrée de la paroisse de Yen-tap.

C'est là que, dans la nuit du 5 au 6 août 1860, il fut trahi et livré par le maire chrétien du village de Ta-oa.

Le nouveau Judas se présenta à la porte de la maison et appela le missionnaire, qui, reconnaissant la voix d'un ami, sortit sans méfiance. A peine avait-il franchi le seuil, qu'il fut frappé et tomba à la renverse.

.˙.

Enfermé dans une cage, conduit à Son-tay, la ville dont l'amiral Courbet s'est emparé si glorieusement, il y subit, le 2 septembre, les interrogatoires ordinaires. Il répondit en peu de paroles, avec une prudence parfaite qui déconcerta ses juges, désireux d'obtenir des aveux compromettants pour les chrétiens. Menacé du rotin, il répondit doucement « que le rotin ne l'effrayait pas et que l'ange de Dieu saurait bien le guérir des blessures qu'on lui ferait. » Il fut immédiatement frappé. Après cinq ou six coups, les mandarins lui adressèrent de nouvelles questions; mais celui qui auparavant parlait peu, garda un silence absolu. Il fut frappé de nouveau; au quarantième coup, ordre fut donné aux soldats de s'arrêter ; alors le confesseur se releva tranquillement, et sans prononcer une parole, sans articuler une plainte, il rentra dans sa cage.

Mgr Jeantet et son coadjuteur, Mgr Theurel, écrivirent plusieurs fois au prisonnier, l'invitant à leur envoyer de ses nouvelles, ou à leur demander ce qui pourrait adoucir sa captivité; il garda le silence. Le commandant de ses gardes que l'on avait gagné lui offrit du papier et une plume pour faire ses adieux à ses amis ; il répliqua qu'il n'avait rien à leur dire.

Tous les martyrs se ressemblent par leur mort sanglante généreusement acceptée; mais chacun d'eux se marque d'un caractère spécial selon les grâces de choix qu'il reçoit et les vertus qu'il préfère. Cornay chantait, Bonnard racontait sa vie de prisonnier, Néron reste pleinement mort au monde, à ses amis, à son évêque, à ses parents : c'est le délaissement le plus absolu, cherché et voulu.

*.

Un fait extraordinaire signala sa captivité.

A partir du 4 septembre, ainsi que l'attestent non seulement Mgr Theurel et les chrétiens, mais encore l'édit de sa condamnation à mort, il demeura vingt et un jours sans prendre aucune nourriture, buvant uniquement le matin quelques gouttes d'eau fraîche. Malgré ce jeûne, il se promenait chaque jour quelques instants devant la porte de son cachot.

Le vingt-deuxième jour, il consentit à manger un petit pain de riz très léger ; cette faible nourriture le fit évanouir et déjà les mandarins, le croyant mort, se disposaient à lui trancher la tête, lorsqu'il reprit ses sens. Le vingt-troisième jour, il dit à ses gardes de lui préparer désormais ses repas et dès lors il mangea régulièrement. Le 3 novembre 1860, il fut décapité à Son-tay.

A l'étonnement de tous, avant, pendant et après l'exécution, ses traits demeurèrent impassibles, son corps n'éprouva ni contractions, ni convulsions ; le martyr appartenait déjà si complètement à Dieu, que les choses de la terre ne l'atteignaient plus.

CHAPITRE XX

MARTYRE DE M. THÉOPHANE VÉNARD
LE TRAITÉ DE PAIX

L'année suivante, le 2 février 1861, le plus populaire des martyrs du Tonkin, Théophane Vénard, donna son sang pour le Christ Jésus.

La Vie de Théophane Vénard a été écrite il y a plus de trente ans.

Elle a fait connaître ses lettres charmantes d'esprit et de cœur, certainement la plupart de nos lecteurs les ont lues et relues sans doute avec un plaisir toujours plus vif. Théophane est le martyr ami de tous, « né, comme on l'a dit, avec un bouton de rose sur ses lèvres et un oiseau pour chanter à son oreille », tant ses paroles sont pleines de mélancolie aimable et douce, gracieuses les images qui reflètent sa pensée.

Dès son enfance il contracte des amitiés qu'il conserve ; il en forme d'autres plus tard et les entretient par une correspondance pieuse, savoureuse, tendre sans fausse sentimentalité.

Il chante ses joies, ses peines, les petits incidents de sa vie d'écolier, les ferveurs de son âme de lévite ; il chante dès qu'il aperçoit le Tonkin...

> Portés sur la brise légère,
> Nous touchons le port désiré.
> Salut ! salut ! nouvelle terre !
> Salut ! salut ! sol vénéré !
>
> D'Annam ils sont beaux les rivages,
> Comme un jardin délicieux ;
> Grandioses ses paysages
> De monts entassés jusqu'aux cieux.
>
> Noble Tong-King ! Terre par Dieu bénie,
> Des héros de la Foi glorieuse patrie,
> Je viens aussi pour te servir,
> Heureux pour toi de vivre et de mourir !

Sur les plages lointaines, son affection de fils et de frère lui reste au cœur caressante et suave. Il écrit à sa famille souvent et longuement, lui racontant les détails de toute son existence. Il montre, dans ses récits la vie apostolique, facile, aimable, joyeuse ; il la poétise, à moins qu'il ne la transfigure ; les rudes labeurs lui semblent aisés, les lourds fardeaux légers ; la maladie ne le frappe pas, elle l'effleure ; elle ne l'abat pas, elle l'arrête pour lui faire goûter quelques instants de repos. Les voyages à travers les plaines inondées, sur les chemins rocailleux, dans les montagnes malsaines, sont dépeints avec des couleurs si fraîches qu'on serait tenté de les prendre pour des promenades printanières ; c'est un lis qui a la force d'un chêne, une tige fleurie résistante comme de l'acier. L'effort n'apparaît jamais dans sa vie telle qu'il la décrit ; si parfois on le devine, il le cache sous les fleurs qu'il fait partout éclore, qu'il verse à pleines mains jusqu'à son trépas, sur ses travaux, sur ses souffrances, sur sa cage de bois, sur l'instrument de son supplice, sur la terre qui boira son sang. Les juges deviennent ses amis, les bourreaux ses admirateurs, presque ses fidèles ; pour lui, le coup fatal qui tranchera sa tête « n'est que la pression légère qui détache la fleur destinée à orner l'autel. »

Treize jours avant sa mort, le 20 janvier 1861, il adresse ses adieux à sa sœur Mélanie, la plus aimée de celui qui avait des frères si aimés et de si chers amis ; cette lettre le révèle tout entier.

« En cage au Tong-King, 20 janvier 1861.

» Chère sœur,

» J'ai écrit, il y a quelques jours, une lettre commune à toute la famille, dans laquelle je donne plusieurs détails sur ma prise et mon interrogatoire ; cette lettre est déjà partie, et j'espère, vous parviendra. Maintenant que mon dernier jour approche, je veux t'adresser, à toi, chère sœur et amie, quelques lignes d'un adieu spécial ; car, tu le sais, nos deux cœurs se sont compris et aimés dès l'enfance. Tu n'as point eu de secret pour ton Théophane, ni moi pour ma Mélanie. Quand, écolier, je quittais, chaque année, le foyer paternel pour le collège, c'est toi qui préparais mon trousseau et adoucissais par tes tendres paroles les tristesses des adieux ; toi qui partageais plus tard mes joies si suaves de séminariste ; toi qui as secondé par tes ferventes prières ma vocation de missionnaire. C'est avec toi, chère Mélanie, que j'ai passé cette nuit du 29 février 1851, qui était notre dernière entrevue sur la terre, dans des entretiens si sympathiques, si doux, si saints, comme ceux de saint Benoît avec sa sœur.

» Et quand j'ai eu franchi les mers pour venir arroser de mes sueurs et de mon sang le sol annamite, tes lettres, aimables messagères, m'ont suivi régulièrement pour me consoler, m'encourager, me fortifier. Il est donc juste que ton frère, à cette heure suprême qui précède son immolation, se souvienne de toi, chère sœur, et t'envoie un dernier souvenir.

» Il est près de minuit : autour de ma cage de bois sont des lances et de longs sabres. Dans un coin de la salle un groupe de soldats jouent aux cartes, un autre groupe jouent aux dés. De temps en temps les sentinelles frappent sur le tam-tam et le tambour les veilles de nuit. A deux mètres de moi, une lampe projette sa lumière vacillante sur ma feuille de papier chinois, et me permet de te tracer ces lignes.

» J'attends de jour en jour ma sentence. Peut-être demain je vais être conduit à la mort. Heureuse mort, n'est-ce pas ? Mort désirée qui conduit à la vie... Selon toutes les probabilités, j'aurai la tête tranchée : ignominie glorieuse dont le ciel sera le prix. A cette nouvelle, chère sœur, tu pleureras, mais de bonheur. Vois donc ton frère, l'auréole des martyrs couronnant sa tête, la palme des triomphateurs se dressant dans sa main ! Encore un peu, et mon âme quittera la terre, finira son exil, terminera son combat. Je monte au ciel, je touche la patrie, je remporte la victoire. Je vais entrer dans ce séjour des élus, voir des beautés que l'œil de l'homme n'a jamais vues, entendre des harmonies que l'oreille n'a jamais entendues, jouir de joies que le cœur n'a jamais goûtées. Mais auparavant il faut que le grain de froment soit moulu, que la grappe de raisin soit pressée. Serai-je un pain, un vin, selon le goût du Père de famille ! Je l'espère de la grâce du Sauveur, de la protection de sa Mère Immaculée, et c'est pourquoi, bien qu'encore dans l'arène, j'ose entonner un chant de triomphe, comme si j'étais déjà couronné vainqueur.

» Et toi, chère sœur, je te laisse dans le champ des vertus et des bonnes œuvres. Moissonne de nombreux mérites pour la vie éternelle qui nous attend tous deux. Moissonne la foi, l'espérance, la charité, la patience, la douceur, la persévérance, une sainte mort !...

» Adieu, Mélanie ! Adieu, sœur chérie, adieu !!!

» Ton frère,

» J.-Th. Vénard,
» *Missionnaire Apostolique.* »

Le 2 février, les mandarins firent appeler le confesseur de la foi pour lui signifier sa sentence et l'envoyer à la mort.

Il prit un vêtement de coton blanc et un autre de soie qu'il avait fait préparer pour son exécution et qu'il porta seulement ce jour-là.

Dieu le conviait à la grande fête des martyrs, il y voulait aller en habits de fête.

Lorsqu'il eut entendu sa sentence, il protesta qu'il n'était venu en Annam que pour y enseigner la vraie religion, et qu'il mourait pour cette cause.

Le convoi se dirigea vers le lieu de l'exécution. Il se composait de deux cents soldats et de deux éléphants de guerre commandés par un lieutenant-colonel. M. Vénard commença des chants latins et les prolongea jusqu'à la porte de la ville. Le lieu de l'exécution était éloigné d'environ une demi-heure; lorsqu'il y fut parvenu, le missionnaire, tranquille et joyeux, promena ses regards sur toute la foule, cherchant sans doute le prêtre indigène, dont il devait recevoir une dernière absolution ; mais celui-ci, ignorant l'heure du supplice, n'était pas venu au suprême rendez-vous.

Le bourreau était habitué à sa sinistre besogne, il avait déjà décapité quatre prêtres indigènes le 25 mars 1860. Il demanda au martyr comme à un criminel ordinaire ce qu'il lui donnerait pour être exécuté habilement et promptement, et il reçut cette réponse :

« — Plus ça durera, mieux ça vaudra. »

Cependant, voyant que le missionnaire était revêtu d'habits propres et neufs, il voulut s'en emparer immédiatement, afin qu'ils ne fussent pas souillés de sang.

Il pria la victime de les quitter, et comme cette première invitation demeurait sans effet, il usa de ruse et dit à M. Vénard :

« — Vous devez être *lang-tri*, c'est-à-dire avoir les membres coupés à toutes les jointures, et le corps fendu en quatre. »

« Soit qu'il crût à ce mensonge, ce que je ne pense pas, dit Mgr Theurel, successeur de Mgr Retord, soit pour en finir avec les importunités de ce bossu impitoyable, soit peut-être en souvenir de Notre-Seigneur qui, avant d'être crucifié, éprouva le même traitement, le missionnaire se dépouilla de sa double tunique.

» Ensuite les soldats lui lièrent fortement les coudes derrière le dos, pour l'obliger à tenir la tête élevée, et à présenter le cou au sabre fatal ; puis ils l'attachèrent à un pieu de bambou assez mal affermi. Dans cette position, et au signal donné, la victime reçut le premier coup de sabre qui effleura seulement la peau.

» Le deuxième coup, mieux appliqué, trancha presque entièrement la tête, et renversa entièrement le martyr et le pieu.

» Le bourreau, voyant son sabre ébréché, en prit un autre,

donna encore trois coups, et saisissant la tête, il l'éleva pour la montrer au lieutenant-colonel. »

.*.

Pendant ces exécutions sanglantes, que faisait donc l'expédition franco-espagnole? Hélas! nous le savons tous. Elle quittait Tourane, s'emparait de Saïgon, s'y cantonnait pendant la guerre anglo-française contre la Chine ; puis elle reprenait l'offensive, faisait la conquête d'une partie de la Cochinchine et forçait Tu-Duc, dont par ailleurs la guerre civile affaiblissait les forces, à signer le traité du 5 juin 1862 qui cédait à la France les trois provinces de Bien-hoa, de Saïgon et de My-tho.

Une somme de vingt millions de francs, payable en dix annuités, devait indemniser la France et l'Espagne des dépenses qu'elles avaient faites pendant l'expédition. Quant à la question religieuse, elle était ainsi réglée par l'article 2 du traité :

« Les sujets des deux nations de France et d'Espagne pourront exercer le culte chrétien dans le royaume d'Annam, et les sujets de ce royaume qui désireraient embrasser et suivre la religion chrétienne le pourront librement et sans contrainte ; mais on ne forcera pas à se faire chrétiens ceux qui n'en auront pas le désir. »

Cette dernière clause pourra sembler étrange ; elle le paraissait bien plus encore aux missionnaires et aux chrétiens que la persécution décimait depuis tant d'années.

Mais enfin, quels que fussent le traité et les intentions de Tu-Duc, on avait une base légale pour réclamer contre l'hostilité des mandarins, on pouvait apercevoir l'aurore de la liberté due à la sainte Église de Dieu et à ses fils.

CHAPITRE XXI

LES PREMIÈRES ANNÉES DE PAIX

Depuis que le christianisme jette à travers le monde la semence de la vertu et de l'héroïsme, il a trouvé devant lui la haine qui sans cesse tente de l'arrêter ou même de l'anéantir; il a conquis lentement et péniblement droit de cité dans les villes civilisées de l'empire romain, aussi bien que dans les forêts habitées par les sauvages des pays lointains; c'est à force de persévérance, souvent de sang, qu'il a obtenu cette liberté si chère à la sainte Eglise et en même temps si précieuse et si nécessaire; aussi combien elle a été lente à resplendir; que de larmes ont versées ceux qui la demandaient, avant de réussir à l'obtenir.

Les traités garantissaient aux missionnaires du Tonkin la faveur si longtemps désirée de prêcher, d'élever des églises, d'installer des orphelinats, des hôpitaux, des écoles, en un mot d'établir toutes les œuvres de zèle, de charité, d'éducation qui sont l'honneur du catholicisme; mais en Extrême-Orient, il y a loin d'une promesse à sa réalisation, d'un contrat à son accomplissement.

L'épiscopat de Mgr Jeantet, qui se termina en 1866 resta toujours agité et un missionnaire, dont le nom devait quelques années plus tard avoir dans le monde catholique et dans la France coloniale un grand retentissement, M. Puginier écrivait ces lignes peignant très exactement la situation :

« Nous ne savons pas encore où en sont les affaires de la paix. Les populations ne sont pas du tout rassurées. Dans certains endroits, on n'ose pas venir chercher le Père, même pour les malades; très peu de chrétientés osent l'appeler pour faire l'administration; dans d'autres, au contraire, l'administration se fait même avec un certain éclat. Nous sommes entre les mains des mandarins, bien plus que dans celles du roi. Dans tel endroit, les mandarins sont bons; alors le vent est favorable, et l'on navigue à pleines voiles dans les eaux de la liberté; dans un autre endroit, les mandarins sont mal disposés, alors le vent devient contraire, il faut diminuer de voile et se tenir sur ses gardes; souvent ce n'est qu'un petit grain qui passe et qui déverse sa pluie sur le pont du navire; à quelque distance, la mer est calme, le soleil brille, le ciel est serein. »

.˙.

En 1867 la situation devint plus précaire encore, et l'on put redouter le renouvellement de la persécution. Voici à la suite de quels faits. L'année précédente, le gouverneur de la Cochinchine, l'amiral de la Grandière, pour en finir avec les intrigues et les complots de la cour de Hué, dans la colonie de Saïgon, s'était emparé des trois provinces de Vinh-long, Chaudoc et Ha-tien. Le roi et surtout les lettrés avaient vivement ressenti cette perte. Au lieu de s'en prendre à eux et à leur mauvaise foi, qui avait forcé les Français à assurer par un acte de vigueur la tranquillité de la colonie, ils cherchaient à se venger de leurs défaites sur les chrétiens qui n'y étaient pour rien.

Une ordonnance très sévère fut envoyée partout, et prescrivit aux missionnaires de montrer leurs passeports, chaque fois qu'ils se déplaceraient, au lieu de les présenter une fois pour toutes à leur entrée en Annam, comme le portait le traité de 1862. C'était leur rendre à peu près impossible l'administration des paroisses. De plus cette ordonnance devint pour les chrétiens un sujet continuel de tracasseries et de vexations. A chaque instant, ils étaient emprisonnés, et même frappés, pour les punir d'avoir reçu les missionnaires dans leurs villages. En vain, Mgr Theurel, le successeur de Mgr Jeantet, essaya de s'aboucher avec les grands mandarins de la province pour obtenir de meilleures conditions; ceux-ci se dérobèrent et refusèrent de le recevoir.

Pour rassurer les fidèles, l'évêque commença, au mois de décembre 1867, une visite pastorale dans la province de Namdinh. Afin d'éviter toute difficulté, il fit présenter aux mandarins son passeport, qu'ils acceptèrent; plusieurs vinrent même lui rendre visite, ce qui n'empêcha pas les lettrés, assurés de la connivence du gouvernement, d'afficher aux portes du presbytère de Ke-trinh un placard injurieux, dans lequel on mettait à prix, pour quatre barres d'argent, la tête de l'évêque et celle des deux missionnaires qui l'accompagnaient et quelques jours plus tard de brûler l'église et la chrétienté.

.*.

Se sentant, quoique jeune encore, usé par la maladie, Mgr Theurel choisit pour coadjuteur M. Puginier. Le sacre eut lieu le 26 janvier 1868, dans la chapelle du petit séminaire de Hoang-nguyen et il fut entouré de tout l'éclat qui manquait naguère aux consécrations épiscopales célébrées aux heures cruelles de la persécution.

Vingt et un évêques ou missionnaires français et espagnols s'y trouvaient réunis à vingt-huit prêtres annamites et à cinq cents catéchistes et séminaristes. Des milliers de chrétiens étaient accourus de toutes les provinces. Jamais le Tonkin n'avait vu semblable solennité religieuse.

Ces heures de pieuse joie et de tranquillité sont rares dans la vie des prédicateurs de l'Evangile, plus rares peut-être que dans toute autre vie; de temps en temps cependant Dieu les y place comme un oasis où le voyageur peut faire une halte reposante et reprendre le courage et la force nécessaires à de nouveaux combats.

Mgr Puginier ne tarda pas à l'éprouver. Quelques semaines à peine après son élévation épiscopale, les lettrés de Nam-dinh reprenaient l'offensive, brûlant l'église, la maison de Dieu, le couvent des religieuses et nombre de maisons de chrétiens.

Plaintes étaient en vain portées par l'évêque, et dès lors enhardis par ce manque de répression, les brigands s'organisèrent par bandes, pillant, saccageant, étendant au loin le cours de leurs déprédations.

« A l'heure qu'il est, écrivait Mgr Theurel, le 18 février, nous avons environ quatre mille chrétiens sans feu ni lieu, plus misérables que les mendiants, puisque au lieu de les assister, les païens les chassent de partout ; en plusieurs endroits, ils se sont déjà partagé leurs champs. Les mandarins restent dans la plus complète inaction. Le cri des lettrés est : « Mort aux Européens, mort aux chrétiens, leurs alliés ! » Quand ils rasent un village, ils insultent au désespoir de ces malheureux : « Où sont, leur disent-ils, les Français, vos protecteurs ? Pourquoi ne viennent-ils pas à votre secours ? Ils ressemblent à un méchant gamin qui battrait un enfant en se moquant de l'absence de son père. »

.

Les Français n'étaient cependant pas entièrement inactifs, et l'amiral Ohier, gouverneur de Saïgon, écrivit à la cour de Hué pour qu'elle mît un terme aux malheurs qui frappaient la mission du Tonkin. On lui fit des promesses, qu'on se garda bien de tenir ; aussi les lettrés et leurs bandes vinrent-ils encore menacer d'incendier quelques églises. Les chrétiens résistèrent, et après un semblant d'escarmouche, les assaillants se retirèrent sans autre dommage.

Alors, enfin, la cour de Hué s'émut et rendit un simulacre de justice, publiant la peine de mort contre les chefs de l'entreprise, et condamnant aussi à la bastonnade le prêtre annamite qui avait dirigé la résistance ; ni l'une ni l'autre de ces sentences ne fut exécutée, mais dans l'opinion publique, elle n'en était pas moins un échec moral pour les chrétiens et une atteinte au prestige de la France.

Les tracas et le chagrin de ces nouveaux troubles avaient porté le dernier coup à la santé chancelante de Mgr Theurel. Le recours à Dieu et les secours de la science furent impuissants à prolonger sa vie, l'heure de la récompense était sonnée pour le serviteur fidèle, et le 3 novembre, assisté de son coadjuteur et de plusieurs missionnaires, l'évêque remit paisiblement sa belle âme entre les mains de Dieu. Le jeudi suivant, au milieu d'un grand concours de prêtres et de fidèles, son corps fut enterré dans l'ancienne église de Ke-so, à côté de celui de Mgr Retord, que le vénéré défunt avait rapporté lui-même des forêts de l'Ouest. Plus tard Mgr Puginier élèvera à Ke-so la belle église de l'Immaculée Conception, fera déposer sous ses voûtes les deux corps et se réservera auprès d'eux la place qu'il occupe aujourd'hui.

CHAPITRE XXII

DÉBUTS DE MONSEIGNEUR PUGINIER

La mort de Mgr Theurel laissait Mgr Puginier seul à la tête de la mission du Tonkin. Le nouvel évêque comptait trente-trois années à peine, mais il avait déjà donné sa mesure comme apôtre; tous avaient foi en lui, seul il se défiait de ses forces, aussi, cherchant un appui plus haut que la terre, voulut-il tout d'abord mettre son épiscopat et son Vicariat sous la protection de la Sainte Vierge ; il termina cet acte de consécration solennelle par ces paroles:

« Aujourd'hui je vous choisis pour ma Mère, ma patronne et celle de toute la mission. Donnez-moi une foi vive, une espérance ferme, une charité ardente, la prudence, le conseil et la sagesse dans la délibération, la force dans l'action, l'humilité dans le succès, la patience dans les revers, le zèle de la maison de Dieu avec un désir toujours croissant de me dépenser de plus en plus au service des âmes.

» Étoile de la mer, soyez ma lumière pour illuminer mes ténèbres, soyez mon guide dans toutes mes voies, mon secours dans ma faiblesse, ma consolation dans mes misères et mes afflictions, mon repos dans mes sollicitudes et ma défense contre les tentations.

» O Marie, recevez mon cœur, mon âme, mon corps, toutes mes facultés; faites que je glorifie Dieu, que je vous honore, vous qui êtes ma Reine, sauvez-nous tous et toutes les âmes qui nous sont confiées, afin qu'éternellement et d'un seul cœur nous aimions Dieu et puissions un jour chanter avec vous *Magnificat anima mea Dominum.*

.*.

A cette époque il fut en butte à la haine des lettrés, soit par l'astuce ou l'insolence de la cour de Hué.

Celle-ci, irritée des observations que l'amiral français lui adressait de temps à autre sur la conduite de ses agents envers les catholiques, s'en prit aux évêques et leur envoya un factum qui prétendait régenter leur action ou plutôt l'entraver et la neutraliser s'il était possible. Travestissant tous les faits, les ministres disaient:

« Toutes vos suppliques, nous les avons présentées au roi. Sa Majesté a ordonné de communiquer ces pièces aux mandarins des provinces en question, qui devront examiner, avec la plus sévère justice, avec convenance et droiture, tous les points en litige pour en référer promptement au roi, qui jugera en dernier ressort.

» Jusqu'ici, notre royaume a été inquiété par les rebelles, les uns descendus des montagnes, les autres venant de la mer. Nous avons dû établir partout des milices pour maintenir la tranquillité. Si, par suite de cette mesure, on a eu à déplorer quelque fait répréhensible, le gouvernement s'est toujours employé à punir les coupables, selon la gravité du délit, et cela, sans acception de personne. Pourquoi donc les chrétiens ne comprennent-ils pas la loyauté de nos intentions? D'où viennent ces soupçons qui engendrent des propos malveillants? Comprenez donc que païens et chrétiens sont tous également les enfants du roi, qui ne saurait les voir s'exterminer sans être touché de compassion. De quelque côté que vienne le délit, on doit également le punir selon la gravité. C'est clair.

» Depuis la paix, voyez les trois affaires qui ont eu lieu au Nghê-an, Nam-dinh et Quang-nam. N'ont-elles pas été réglées selon toute justice, de manière à servir d'exemple à tout le monde? Et maintenant, on vient dire que le ministère a envoyé des ordres secrets pour faire brûler et égorger les chrétiens. Peut-on pousser plus loin l'impertinence? De pareilles pensées ne devraient jamais surgir dans le cœur, à plus forte raison être produites au dehors. Réfléchissez donc, et désormais suivez les règlements du royaume; enseignez à tous vos chrétiens à s'occuper paisiblement de leurs travaux, se gardant bien de proférer des propos orgueilleux, et de se prévaloir de certaines protections, qui ne peuvent leur attirer qu'antipathies et vengeances.

» Dorénavant, vous tous évêques et prêtres, vous ne pourrez passer d'une localité à une autre sans être munis d'une autorisation écrite du mandarin du lieu; vous ne devrez pas mener avec vous un nombreux personnel; vous n'aurez ni palanquins, ni parasols, ni chevaux, ni barques, ni bagages en trop grande quantité; des armes, il vous est absolument défendu d'en porter avec vous; partout où vous passerez, gardez-vous de manières prétentieuses, propres à indisposer les esprits contre vous. Dans vos cérémonies religieuses, il vous est défendu de réunir une nombreuse assistance; n'y employez pas trop de pompe. L'entrée de vos demeures doit être facilement accessible à tous. En un mot, soyez en tout humbles, soumis, afin que personne ne doute de la droiture de vos intentions. Ne témoignez de mépris pour personne. De cette manière finiront toutes les discussions, et la paix régnera partout.

» Si par hasard quelque différend venait à surgir, vous devriez faire votre rapport au mandarin local, présenter vos réclamations deux et trois fois; après quoi, si le mandarin refuse d'y faire droit, alors seulement vous pourrez en référer au ministre.

» Gardez-vous surtout d'écouter les faux rapports de vos chrétiens, pour venir plaider des causes qui ne vous regardent pas, ce qui ouvre la voie aux haines et aux vengeances.

» Que l'évêque obéisse, car tels sont nos ordres. »

.*.

Ce chef-d'œuvre de mauvaise foi se passe de commentaires, mais il montre à quels hommes le prélat avait affaire ; il pourrait également servir aux diplomates français désireux de savoir comment la duplicité orientale se joue de leur habileté franche et généreuse.

Afin de répondre victorieusement à leur conduite astucieuse, l'évêque eut toujours à son service une grande prudence doublée de sang-froid et de ténacité, témoin le fait suivant qui arriva en 1868.

Il s'agissait de savoir si, oui ou non, l'article du traité de 1862 qui concernait les passeports allait être exécuté et si les missionnaires devaient, contrairement à la teneur de cet article, présenter leur passeport chaque fois qu'ils feraient un voyage.

Afin de régler cette question, Mgr Puginier demanda une audience au gouverneur de Hanoï, la réponse se fit attendre pendant des semaines, elle vint enfin, fixant le jour et l'heure. L'évêque se présenta, mais on ferma devant lui la porte de la citadelle. L'affront était sanglant, d'autant plus que c'était la première fois depuis deux siècles qu'un évêque osait paraître dans la capitale du Tonkin. Mgr Puginier était en grande tenue, soutane violette, camail, rochet brodé ; il se planta stoïquement devant la porte, sous les regards stupéfaits des curieux accourus en foule. Son attente dura trois heures. Par un de ces hasards que les Annamites excellent à faire naître, un général passa, suivi d'un état-major de contrebande. Il voulut bien s'étonner de voir ce missionnaire français arrêté devant la citadelle, et essaya de savoir le motif de sa présence. L'évêque le lui dit, ajoutant qu'il resterait là jusqu'à ce que le gouverneur le reçût. Le général se confondit en excuses, offrit gracieusement ses services, fit ouvrir la porte de la demi-lune, conduisit l'évêque dans la maison des étrangers et alla prévenir le grand mandarin.

Deux heures s'écoulèrent, personne ne paraissait, l'évêque attendait toujours, ne donnant nul signe d'impatience; il était évident qu'il ne partirait pas. Le gouverneur capitula à moitié, il ordonna d'ouvrir la porte de la citadelle, mais prétexta un violent mal de tête qui, à son grand regret, lui interdisait les réceptions et l'obligeait à se faire remplacer par le mandarin des tributs. L'évêque avait à qui parler, il parla, avec une grande tranquillité, et très longuement. Il avait attendu cinq heures, l'entretien dura cinq heures; c'était la peine du talion doucement appliquée. Telle fut la première entrevue de Mgr Puginier avec les mandarins de Hanoï. Elle ne fut pas inutile. Les Annamites qui saisissent très vite le caractère des hommes, comprirent qu'il fallait compter avec celui-là. Il y eut une sorte de détente dans la persécution qui désolait les chrétiens.

CHAPITRE XXIII

MONSEIGNEUR PUGINIER ET LES PREMIÈRES EXPÉDITIONS FRANÇAISES AU TONKIN

A l'époque où nous sommes arrivés, les événements graves vont se multiplier au Tonkin, la France essaiera de prendre pied sur cette terre pour protéger les droits de ses nationaux, missionnaires ou commerçants, et pour défendre l'honneur de son drapeau. Il lui faudra de longues années, accidentées par les revers et par les victoires, avant qu'elle règne en souveraine incontestée sur les bords du fleuve Rouge et dans la vieille capitale des rois d'Annam.

Mgr Puginier prendra à ces faits si importants dans notre histoire coloniale la grande part que lui assigneront son patriotisme, son expérience, sa dignité d'évêque. Au milieu de ces circonstances si diverses, souvent très malheureuses pour les chrétiens et les missionnaires, nous le verrons plein de confiance, de patience, de fermeté ; nous admirerons sa foi inébranlable dans la Providence et son ardent amour pour la France, sa vraie patrie, et pour le Tonkin, sa patrie d'adoption.

.*.

Le premier navire de guerre français qui parut devant Hanoï fut le *Bourayne*, commandant Senez (1872); il avait été envoyé à la demande de la cour de Hué elle-même pour débarrasser le Tonkin des pirates chinois; mais après deux voyages successifs paralysés par le mauvais vouloir des mandarins, qui préféraient encore s'entendre avec les pirates plutôt que de subir la présence des Français, le commandant Senez partit sans avoir rien fait.

Un commerçant français, M. Dupuis, vint ensuite.

Depuis longtemps fixé en Chine, M. Dupuis était en relations avec les mandarins du Yunnan qu'il nantissait d'armes, et rêvait de résoudre au profit du commerce le problème géographique de la possibilité de se rendre dans cette province par le fleuve Rouge.

Assuré de l'approbation tacite de la France, il tenta heureusement l'aventure et fit un premier voyage au Yunnan, ouvrant ainsi aux transactions commerciales la voie depuis longtemps cherchée.

Encouragé par ce premier résultat, il équipa plusieurs navires à vapeur et, le 2 décembre 1872, arriva devant Hanoï avec sa flottille; grand fut l'émoi des mandarins qui refusèrent de laisser passer le négociant français. Celui-ci n'avait jamais rencontré Mgr Puginier, mais il n'ignorait pas qu'il pouvait compter sur son aide.

— Je sais, dit-il aux mandarins, qu'il y a un évêque français dans la province, je vais aller le trouver, et à mon retour, je verrai ce que vous aurez décidé.

— Gardez-vous en bien, répondirent les mandarins. La vue d'un bateau à vapeur effraierait les populations simples et timides de ce pays. D'ailleurs, il vous faudrait plusieurs jours pour arriver au lieu où réside l'évêque, et votre bâtiment s'ensablerait en route. Nous allons envoyer un courrier à l'évêque pour le prier de venir vous trouver. Après-demain, il sera ici.

En effet, les grands mandarins écrivirent à Mgr Puginier une lettre courtoise et pressante, la cachetèrent du grand sceau à l'encre rouge et députèrent un de leurs principaux officiers pour l'inviter à se rendre à Hanoï.

Ce n'était plus l'époque où l'évêque méprisé attendait hum-

blement devant la porte de la citadelle qui refusait de s'ouvrir devant lui. Cette fois toutes les démonstrations du respect le plus obséquieux lui furent prodiguées sous forme de compliments, d'envoi de palanquin royal, de haie de soldats formée sur son passage, d'empressement des princes et des officiers à se précipiter à sa rencontre. Le prélat acceptait tous ces honneurs pour les reporter sur Jésus-Christ qu'il représentait, sachant qu'en Orient plus qu'ailleurs le prestige donné au serviteur remonte jusqu'au maître.

Vainement les conférences se multiplièrent-elles et Mgr Puginier s'efforça-t-il de faire comprendre aux mandarins combien leurs intérêts se trouvaient liés à ceux du commerce français, ils ne voulaient qu'une chose : l'expulsion de M. Dupuis et voyant l'entremise de l'évêque impuissante à obtenir ce résultat, ils eurent recours au gouverneur de Saïgon, l'amiral Dupré, espérant être débarrassés par lui de ce fâcheux.

***

Désireux depuis longtemps de s'immiscer dans les affaires du Tonkin, l'amiral se hâta d'accepter le rôle qui lui était offert.

Sous le voile d'une enquête à faire à propos de M. Dupuis, mais en lui donnant des instructions qui ne s'arrêtaient pas là, il envoya à Hanoï le lieutenant de vaisseau Garnier, homme de vues larges, d'aventureuse intrépidité, bien connu en Extrême-Orient par la grande part qu'il avait prise à l'exploration du Mékong.

***

Mais avant que Garnier fût rendu au poste qui lui était assigné, les choses s'étaient compliquées au Tonkin. De nouvelles difficultés s'étaient élevées entre M. Dupuis et le grand maréchal annamite Nguyen-tri-phuong, un ennemi acharné des Français.

M. Dupuis, toujours retenu à Hanoï, avait voulu expédier un

chargement de sel au Yunnan, le grand maréchal s'y était opposé : les mandarins s'adressèrent alors à Mgr Puginier et le prièrent de venir à la capitale, l'évêque se rendit à leurs instances. Mais il ne reçut pas l'accueil pompeux de l'année précédente ; le grand maréchal Nguyen-tri-phuong avait pris les affaires en main, et, se drapant dans sa morgue orientale, il se borna à envoyer son secrétaire à la rencontre de Mgr Puginier, se flattant de lui faire faire les premières ouvertures. Ruse pour ruse : à toutes les insinuations, l'évêque répondit que, sachant combien précieux étaient les instants du maréchal, il n'osait en abuser en demandant à le voir et Nguyen-tri-phuong dut se résoudre à faire exprimer au prélat son désir de conférer avec lui.

L'évêque se rendit aussitôt à l'invitation et l'entrevue commença sur un ton de politesse qui dissimulait mal l'arrière-pensée du maréchal.

Cependant après le début insignifiant, mais obligé de toute conversation annamite, on en vint enfin à la question sérieuse :

— Monseigneur, dit le maréchal, vous êtes le grand chef de la Religion : vos livres défendent non seulement de faire le mal, mais même d'y penser. Or, voilà M. Dupuis qui met le trouble dans le pays. Il veut remonter à Lao-kay avec un énorme chargement de sel. Les lois du royaume le défendent. Donc il fait le mal. Je suis heureux de vous rencontrer, pour vous charger de lui faire des remontrances et, au besoin, lui défendre de faire le mal.

— Maréchal, répondit l'évêque, je suis le chef de la Religion ; je fais tout mon possible pour porter les hommes au bien ; s'ils m'écoutent, Dieu les en récompensera ; mais s'ils ne m'écoutent pas, je ne puis les contraindre. Pour ce qui est de M. Dupuis, je vous ferai observer que ce que vous demandez touche au commerce et non à la religion. M. Dupuis se croit dans son droit. La religion n'a rien à voir dans cette affaire.

Le maréchal insista, et l'entretien s'échauffant peu à peu, il en vint à dire au prélat : « Je vous préviens que si vous n'arrangez pas cette affaire à ma satisfaction, je vous retiens prisonnier. »

L'évêque ne jugea pas de sa dignité de relever alors la menace, et l'on se sépara en bons amis.

Mais de retour chez lui, Mgr Puginier se hâta d'écrire au maréchal, pour protester contre les habiletés dans lesquelles on avait cherché à le surprendre :

« Grand mandarin, vous m'avez dit, dans l'entrevue de ce matin, plusieurs choses que je n'ai pas voulu relever devant le public, mais contre lesquelles je tiens à protester : 1º Vous m'avez dit que j'avais demandé l'entrevue. Vous savez bien que c'est le contraire, et que je suis allé vous voir sur votre demande uniquement ; 2º si l'affaire avec M. Dupuis ne s'arrange pas, vous me retiendrez prisonnier. Eh ! bien, je vous préviens que je pars demain vers midi, que l'affaire soit réglée ou non. Si vous voulez me faire arrêter, vous pouvez envoyer vos soldats. »

Le lendemain, comme il l'avait dit, l'évêque repartit pour Késo, et personne n'osa mettre obstacle à son départ.

.˙.

Quelques jours après, Mgr Puginier fut rappelé à Hanoï par les mandarins auxquels sa présence semblait absolument indispensable. A cette occasion, il eut avec le grand maréchal une seconde entrevue, qui ne dura qu'un quart d'heure. L'évêque refusa même de s'asseoir, « pour ménager, dit-il, les moments si précieux de Son Excellence », mais en réalité, parce qu'on lui avait encore tendu un piège en lui offrant une place inférieure à celle à laquelle son rang lui donnait droit ; dans un pays hiérarchisé comme celui-ci, ces puérilités d'étiquette, qui ailleurs feraient à bon droit sourire, ont une importance majeure.

Nos compatriotes ne devraient pas l'oublier, et si jamais ils poussent la curiosité jusqu'à visiter, en l'étudiant, une colonie britannique ils verront jusqu'où les Anglais, nos maîtres en colonisation, observent ces moindres détails, qui les maintiennent si haut dans l'estime de leurs administrés.

A la fin de cette courte entrevue, le maréchal dit à l'évêque :

— Monseigneur, vous avez rendu de grands services au royaume d'Annam. Je voudrais pouvoir vous en remercier convenablement, mais je n'ai qu'une médaille d'or que m'a remise le roi; je suis heureux de vous l'offrir, et je vous prie de l'accepter.

— Grand commissaire royal, je n'ai rien fait pour mériter une pareille distinction; je ne puis accepter.

Le maréchal insista, et l'évêque, pour ne pas le blesser, accepta la médaille et lui promit de la conserver.

CHAPITRE XXIV

L'EXPÉDITION FRANCIS GARNIER

Le 5 novembre 1873, à trois heures du soir, l'envoyé de l'amiral Dupré, le lieutenant de vaisseau Garnier, avec une centaine d'hommes de troupes et deux petits navires à vapeur, « défilait devant le modeste rivage qui borde la ville de Hanoï ».

En approchant, Garnier fit chauffer son canot à vapeur, quitta la jonque pour le monter et prit les devants.

Quand il arriva ainsi dans la capitale du Tonkin, il trouva, pavoisés et tirant le canon pour le saluer, trois vapeurs européens : c'étaient les navires de M. Dupuis. Sur le rivage qui regorgeait d'une foule curieuse, étaient en grande tenue, bannières déployées formant la haie et présentant les armes, deux cents soldats chinois armés de chassepots, c'étaient les gardes de M. Dupuis. Mais de grands mandarins, point. Ni le maréchal Nyuyen-tri-phuong, ni le gouverneur de Hanoï, ni le général de la province, quoique prévenus de l'arrivée ne s'étaient dérangés.

Une nouvelle marque d'insolence fut donnée dans la question du logement. Les hauts fonctionnaires de la citadelle envoyèrent à Francis Garnier un subalterne lui indiquer l'habitation préparée pour lui : des bâtiments petits et malpropres, une mauvaise auberge.

Garnier se rendit droit à la citadelle exprimer son mécontentement au grand maréchal et finit par obtenir une demeure convenable.

En même temps, l'amiral Dupré s'appuyait sur les missionnaires et adressait la lettre suivante à Mgr Sohier, le Vicaire apostolique de Hué.

« Saïgon, le 6 octobre 1873.

» Monseigneur,

» Le gouvernement annamite est menacé de perdre très prochainement le Tonkin. Il serait atteint dans son existence même, si cette riche et populeuse province lui échappait. Une poignée d'aventuriers l'y tient en échec, les pirates ravagent les côtes, enlèvent les navires sous les yeux du roi, les bandits pillent les campagnes, l'impuissance du gouvernement à rétablir l'ordre, à faire respecter les lois est aujourd'hui manifeste. Il n'y pourra parvenir qu'avec notre assistance, qui nous imposera des charges sérieuses, si nous la lui accordons. Quelles compensations est-il disposé à nous offrir en échange? Quelles garanties, pour nous assurer contre le retour de ses mauvaises dispositions passées?

. . . .

» La situation du Tonkin a paru cependant assez grave à la cour de Hué elle-même pour qu'elle m'ait demandé d'intervenir. Je me suis attaché à lui faire comprendre les avantages que son pays retirerait d'une alliance étroite et sincère avec la France, alliance dont le grand bénéfice serait pour elle, et la plupart des charges pour nous. Je suis patient, et j'attends le résultat de mes efforts.

. . . .

» M. Garnier a l'ordre d'inviter Dupuis à renoncer momentanément à son entreprise, pour la reprendre plus tard, dans des conditions régulières et de l'y contraindre, en cas de refus; d'exiger, aussitôt le renvoi de celui-ci, que le fleuve Rouge soit ouvert aux barques annamites, françaises et chinoises, moyennant des droits modérés à la remonte et à la descente, de faire respecter les stipulations protectrices des chrétiens et de se maintenir au Tonkin jusqu'à la conclusion du traité.

» Mes intentions sont loyales : mon but est d'initier le gouvernement et le peuple annamite à la civilisation chrétienne, de leur servir de guide et d'appui, de les aider à réformer leur administration et leurs finances, de leur refaire une armée et une flotte, enfin de rendre la sécurité au Tonkin, depuis si longtemps ravagé par la guerre civile, le brigandage et la piraterie.

» Je ne doute pas, Monseigneur, d'obtenir, dans la voie que je me propose de suivre, le sincère concours de Votre Grandeur et celui de tous vos vénérés collègues. Je n'ai pas le temps d'écrire aux différents chefs des missions pour les mettre au courant de la situation, mais je prie Votre Grandeur de vouloir bien se charger de ce soin.

» Veuillez agréer, Monseigneur, l'assurance de mon respectueux et sincère dévouement.

» *Le Contre-Amiral*
» *Gouverneur et Commandant en chef*
» DUPRÉ »

.*.

L'inquiétude, causée aux Vicaires Apostoliques par cette intervention, était grande; la situation de Mgr Puginier était difficile entre toutes, puisque l'action se déroulait sur son terrain et qu'il se trouvait également mis en cause par le gouvernement annamite et par les autorités françaises. Il fallait toute sa sûreté de coup d'œil, toute son adresse et toute sa fermeté pour ne pas échouer sur ce double écueil.

Dans les premiers jours de novembre il reçut une lettre pressante de Garnier l'invitant à se rendre à Hanoï pour s'entretenir avec lui. Il hésita quelques jours avant de répondre à l'invitation de l'envoyé français; mais les grands mandarins lui ayant écrit, de leur côté, pour le prier de venir les aider, il ne crut pas pouvoir se refuser plus longtemps aux instances des représentants des deux pays.

Mgr Puginier arriva donc à Hanoï, le 12 novembre. A sa première entrevue avec Garnier, il lui fit cette déclaration très nette : « Monsieur le Commandant, je serai toujours heureux de vous rendre tous les services en mon pouvoir, en tout ce qui ne sera pas contre ma conscience; mais si je suis Français, je dois me souvenir aussi que je suis évêque au Tonkin. Veuillez donc ne rien me demander qui puisse faire tort au gouvernement annamite, car je ne pourrais m'y prêter, me devant à ma patrie d'adoption aussi bien qu'à ma patrie d'origine. » — « Monseigneur, répondit Garnier, je comprends les nobles sentiments qui vous animent; jamais je ne me permettrai de vous faire la moindre proposition pouvant vous gêner sous ce rapport. »

Cependant Nguyen-tri-phuong refusait de traiter avec le mandataire de l'amiral Dupré, se bornant à lui répéter : « Vous êtes au Tonkin pour expulser Dupuis, emmenez-le et partez avec lui. »

Francis Garnier n'en avait pas moins immédiatement commencé son enquête. Il s'était fait remettre par M. Dupuis le résumé de ses griefs et le relevé des indemnités réclamées (5,000,000 de francs). Il avait aussi cherché à se renseigner auprès des négociants de Hanoï, dont les plus importants étaient Chinois; ceux-ci ne demandaient pas mieux; ils auraient même souhaité la bienvenue à l'envoyé de la France. Ils en furent empêchés par une défense formelle du sous-préfect, et presque aussitôt parut affichée dans Hanoï une proclamation du gouverneur généralisant l'interdiction.

Elle défendait à tout habitant, fût-il commerçant et même Chinois, de se rendre auprès de l'ambassadeur français; elle disait que celui-ci n'avait aucune qualité pour être le confident de leurs plaintes, ni le dépositaire de leurs secrets, qu'envoyé pour juger et chasser M. Dupuis, il n'avait pas à s'immiscer dans les affaires du pays; et qu'enfin si quelqu'un croyait avoir le droit de formuler des réclamations, c'était à lui gouverneur, qu'elles devaient uniquement s'adresser.

Jeté au moyen-âge sur un excommunié, un interdit n'aurait pas produit plus d'effet. La peur fit cesser toutes relations des habitants avec Francis Garnier ainsi dénoncé à leurs méfiances.

.

L'humiliation était publique. L'officier français ne voulut ni rester sous le coup de cet affront, ni laisser altérer ainsi le caractère de sa mission, ni être privé des moyens de s'enquérir. Le soir même il se rendit auprès du gouverneur, dans la citadelle et l'invita à retirer, à détruire immédiatement cette indigne proclamation.

Elle ne fut point retirée.

Le commandant jugea l'honneur du nom français engagé; il sentit que reculer après s'être ainsi avancé serait une honte qui détruirait à jamais notre prestige et qu'une action prompte et énergique pouvait seule sauver son influence en vue de l'avenir; sa position s'aggravait d'heure en heure, il fallait en sortir par un coup d'éclat, et il résolut avec les cent quatre-vingts hommes dont il disposait de s'emparer de la vaste citadelle de Hanoï.

.

Aux ouvertures que lui fit le chef de l'expédition relativement à son dessein, Mgr Puginier montra quelque étonnement d'une décision aussi hardie : il ne doutait pas, disait-il, du succès qu'obtiendrait la supériorité de nos armes sur le nombre vingt fois plus grand des soldats annamites enfermés dans cette citadelle immense et des mieux fortifiées; mais il était, à son avis, d'une très grande importance de penser, en déclarant une guerre dans ce pays, aux moyens qu'on aurait dans la suite pour calmer l'effervescence des esprits et y rétablir l'ordre nécessaire.

Heureusement que les sentiments dont les populations étaient animées à notre égard étaient bons; on a même dit qu'ils ne pouvaient être meilleurs. Les proclamations répandues dès les premiers jours, avaient plu par la douceur qui s'y mêlait à l'énergie.

L'ultimatum fut lancé le 17 novembre. M. Garnier reprochait vivement au maréchal ses agissements, les bruits semés par lui, les embûches tendues et terminait en l'engageant pour la dernière fois à montrer d'autres dispositions : « J'honore votre grand âge, je respecte vos vertus militaires, mais je déplore la haine aveugle qui vous anime contre les Français; puissiez-vous le reconnaître et revenir à vous; sinon, que la responsabilité de tous les faits qui surviendront plus tard retombe sur votre tête! » Il ne fut rien répondu à cet ultimatum.

L'attaque était devenue inévitable. Du reste, les Annamites s'y attendaient, comprenant qu'ils l'avaient assez provoquée et, depuis plusieurs jours, se préparaient à la défense par de grands rassemblements de troupes et de hâtives fortifications aux alentours.

Le 20 novembre, à sept heures du matin, l'attaque commençait; après un combat de trente-cinq minutes, le drapeau français flottait sur la citadelle dominant la vieille capitale du Tonkin, et à dix heures Garnier écrivait :

« *All right*. La citadelle a été enlevée avec ensemble. Pas un blessé. La surprise a été complète et réussie au delà de mes prévisions. Le feu de la rade surtout (*Scorpion* et *Espingole*) a abruti ces pauvres gens qui n'avaient pas encore vu de projectiles explosibles. Le maréchal a été blessé par une boîte de mitraille. L'envoyé de Hué et tous les grands dignitaires sont pris. C'est une opération modèle (sans me vanter). »

Un lieutenant de vaisseau entouré de cent quatre-vingts hommes seulement à trois mille lieues de leur patrie, à quatre cents lieues de tous secours, isolés dans une ville de quatre-vingt mille habitants, se risquant avec une partie de son escorte à l'assaut d'un fort de 5 à 6 kilomètres de pourtour, garni de murs, de fossés, de glacis, de canons, et gardé par une armée qui, si mal équipée qu'elle fût avec ses piques et ses sabres, aurait pu se jeter sur les assaillants à raison de cinquante contre un! Garnier avait raison, c'était une opération modèle.

Le grand maréchal avait été grièvement blessé et fait prisonnier.

Mgr Puginier le visita à plusieurs reprises sur son lit de mort, pour essayer de le gagner au vrai Dieu. Il pria et fit prier pour le salut de cette pauvre âme; mais tous les efforts de son zèle devaient échouer devant l'obstination du vieillard. Le grand maréchal avait trop de sang chrétien aux mains. Le 20 décembre, il mourut sans espérance comme meurent les persécuteurs.

.*.

Aussitôt après sa victoire, Garnier réorganisa l'administration dans la province, installa les fonctionnaires, créa une milice avec les volontaires dont le nombre s'éleva en quelques jours, à plusieurs milliers. Mais l'occupation de Hanoï ne suffisait pas pour assurer la tranquillité du pays et la liberté du commerce.

Le 23 novembre, M. Balny d'Avricourt avec une canonnière et dix-sept fantassins commandés par le lieutenant de Trentinian, auquel on avait adjoint le docteur Harmand partait pour Hung-yên, qui tomba en son pouvoir. Le 2 décembre, il s'emparait de Hai-dzuong dont l'importance stratégique est considérable. « En une heure et demie, trente-deux Français enlevèrent, sans le secours du canon une forteresse admirablement préparée pour la défense et d'un armement formidable; forteresse contre laquelle étaient venues échouer, dix ans auparavant, toutes les forces du prétendant royal. »

Pendant ce temps, un aspirant de marine M. Hautefeuille, à la tête de quelques braves, s'emparait de Ninh-binh.

De son côté, Garnier ne restait pas inactif, il avait occupé Nam-dinh, citadelle, d'une importance presque égale à celle de Hanoï, et l'on raconte que, montant à l'assaut et se voyant devancé par un matelot du nom de Robert, il lui avait crié joyeusement:

« Passe pour aujourd'hui, mais que cela ne t'arrive plus. » Dans ce poste, il avait laissé le docteur Harmand, qui avec vingt-cinq hommes devait organiser et garder cette province de près de deux cent mille habitants. Ainsi, en quelques jours Garnier et ses lieutenants avaient conquis et organisé près de la moitié du Tonkin.

On croit rêver en lisant de pareils récits.

．*．

Cependant, aidés des Pavillons-Noirs, les troupes annamites essayèrent de reprendre l'offensive et menacèrent Hanoï.

En même temps arriva une ambassade envoyée par la cour de Hué, annonçant l'intention de traiter de la paix et d'accepter les propositions de Garnier. Cette ambassade était accompagnée de l'évêque de Hué, Mgr Sohier. Aussitôt, le commandant français, dans l'espoir du dénouement pacifique qui lui avait été enjoint, annonça la suspension des hostilités. Sans tenir compte de cette amnistie, les Pavillons-Noirs s'avancèrent sous les murs de la capitale, et dans leurs rangs, on voyait des soldats de l'armée royale, ce qui ne prouvait que trop la complicité des mandarins.

Le dimanche 21 décembre, Garnier, qui avait commencé la journée en assistant à la messe de Mgr Puginier, s'était rendu avec lui chez les ambassadeurs annamites, lorsqu'on accourut l'avertir que les Pavillons-Noirs attaquaient la citadelle. Craignant de se laisser envelopper par cette trahison tout asiatique, Garnier ordonna immédiatement une sortie, et, armé d'un revolver, s'élança à la poursuite de l'ennemi, que quelques coups de canon avaient mis en déroute. Emporté par son ardeur, il avait dépassé ses soldats lorsque, le voyant seul, les fuyards s'arrêtent, se ruent sur lui, le renversent, lui coupent la tête et continuent leur course en emportant ce sanglant trophée.

Presque au même moment et de la même manière, mais sur

d'autres points, étaient frappés M. Balny d'Avricourt et trois autres Français.

Les cinq têtes furent promenées dans tout le Delta, fortifiant l'insolence des mandarins et portant la terreur dans l'âme des chrétiens inclinés vers la France.

L'expédition avait perdu son chef, le jeune et chevaleresque héros de cette étonnante campagne était tombé, et avec lui son œuvre allait disparaître.

Sa mort jeta une profonde consternation et un moment d'effroi parmi ceux qu'elle appelait à prendre brusquement le commandement de l'expédition.

.˙.

Ce fut alors que Mgr Puginier qui, du vivant de Garnier, s'était prudemment tenu en dehors des affaires, entra généreusement en lice pour relever le courage abattu des troupes et mettre au service de leurs officiers son expérience et son patriotisme.

Quand les Pavillons-Noirs eurent disparu à l'horizon, en emportant les têtes de Garnier, de Balny et des trois autres victimes, les troupes rentrèrent à leurs quartiers dans un état de démoralisation complète, M. Bain, commandant intérimaire, dit alors à M. Puginier :

— Monseigneur, puisque Garnier est mort je vais de suite donner l'ordre d'embarquer pour descendre à Haiphong, et de là, repartir pour Saïgon.

M. Bain était, à ce moment, épuisé de fatigues et d'émotions. Bien qu'il fût deux heures et demie de l'après-midi, il était encore à jeun. L'évêque lui répondit :

— Mon cher ami, vous êtes trop fatigué en ce moment, commencez par déjeuner; puis nous parlerons de la situation.

Quand le nouveau commandant se fut un peu restauré, l'évêque lui dit :

— M. Garnier est mort; c'est une très grande perte, mais somme toute, il manque seulement cinq hommes à l'appel, vous êtes donc matériellement aussi forts que ce matin. Si vous quittez Hanoï, l'expédition est perdue, et peut-être vous n'arriverez pas jusqu'à Haïphong ; et puis l'abandon précipité serait une honte pour le drapeau français.

— Mais les troupes sont complètement démoralisées.

— Faites appel au dévouement de M. Dupuis, il vous aidera à sortir des premières difficultés, et, soutenu par lui, vous êtes maître de la situation, après comme avant le malheur.

M. Bain hésitait à réclamer l'assistance de Dupuis. Ce fut Mgr Puginier qui prit sur lui de l'appeler à la citadelle. Dès qu'il sut ce qu'on attendait de lui, l'explorateur se mit entièrement, avec sa petite troupe, au service de la France. Il envoya ses soldats voir si les Pavillons-Noirs s'étaient bien retirés et ne tentaient pas un retour offensif, puis il entra dans la citadelle avec ses cent cinquante Chinois et leur fit monter la garde pendant cette première nuit pour donner aux soldats français le temps de se reposer et de se remettre un peu.

.*.

Pendant les jours de deuil et d'angoisse qui suivirent la catastrophe, MM. Bain et Esmez eurent continuellement recours à Mgr Puginier pour avoir des renseignements, pour expédier des courriers, pour se procurer tout le matériel nécessaire au soin de leurs blessés. — On peut dire, sans exagération, que l'évêque fut l'âme de l'expédition, pendant la période de dix jours qui s'écoula entre la mort de Garnier et l'arrivée de son successeur au Tonkin. Il prévint ainsi de grands malheurs et rendit à la France un service signalé, en sauvant une situation qui paraissait alors désespérée, mais qui en réalité ne l'était nullement.

En effet, sous la direction de M. Esmez, chargé des affaires politiques les négociations continuaient avec les envoyés de la cour. Là encore, l'influence de Mgr Puginier, toute-puissante sur les mandarins, qui avaient confiance dans sa droiture et le consul-

taient avant de prendre une décision facilita beaucoup la tâche du représentant de la France, et l'on aboutit à un projet de convention qui sauvegardait pleinement les droits et l'honneur de notre pays, en même temps qu'elle assurait très suffisamment la sécurité de nos partisans. Le 2 janvier 1874, on était réuni à la maison des ambassadeurs pour échanger les signatures, lorsqu'arriva de Haïphong une dépêche signée Philastre ordonnant de suspendre toute négociation jusqu'à son arrivée.

CHAPITRE XXV

M. PHILASTRE ET LES DÉSASTRES

Le nom seul du nouveau plénipotentiaire indiquait un changement complet dans la politique.

Dès le lendemain de son arrivée, en effet, il ordonna à nos troupes d'évacuer toutes les citadelles qu'elles occupaient et de se concentrer à Hanoï; il déclara que Garnier avait agi sans ordre et considéra comme non avenue la convention élaborée entre M. Esmez et les ambassadeurs annamites. Pour trouver la cause de cette conduite étrange de M. Philastre, mais non pour la justifier, il faut l'expliquer d'après les tendances de son esprit: « Cet officier venu en Cochinchine vers l'époque de la conquête avait fait sa carrière dans l'administration coloniale, et en 1873, il était à la tête du service de la justice indigène. Dès le principe, il s'était voué à l'étude de la langue annamite officielle et des caractères chinois. Son esprit avait subi l'influence de cette étude absorbante; lettré, il avait pris les sentiments des lettrés, et s'était engoué de la civilisation sino-annamite. »

Aussitôt qu'il apprit l'existence de pareils ordres, Mgr Puginier alla voir M. Philastre pour lui représenter qu'une évacuation immédiate, et sans conditions, allait amener des catastrophes effroyables, que les chrétiens regardés, à cause de la communauté de foi, comme partisans des Français, en seraient les premières victimes, que tous ceux, païens ou chrétiens, qui avaient accepté, sur la parole de Garnier, de servir la France, se trouveraient compromis, que les mandarins annamites eux-mêmes se déclaraient impuissants à maintenir l'ordre dans leurs provinces, si on les évacuait avant qu'ils aient pu rassembler des troupes. La résolution de M. Philastre était irrévocablement prise avant son arrivée. Il répondit froidement à l'évêque qu'aucune considération ne le ferait dévier de sa ligne de conduite.

.*.

Instruits des sentiments de l'envoyé français, les lettrés annamites donnèrent libre carrière à leur haine contre les chrétiens. Pendant dix jours, les exécuteurs se jetèrent sur les plus belles paroisses catholiques du Tonkin, massacrant les habitants, pillant et brûlant les maisons.

Vainement Mgr Puginier implora-t-il Philastre ; à ses prières l'administrateur ne répondit que par des impertinences, l'accusant d'être lui-même la cause de tous les désastres dont gémissaient les chrétiens, « il riait avec les mandarins des larmes du père de famille pleurant sur le sort de ses enfants, il dédaignait de lire ses lettres, et il osait écrire à Saïgon que le Tonkin était pacifié et tranquille ! »

L'amiral Dupré, averti de la détresse de l'évêque, n'eut pas le courage de prendre sa cause en main et feignit aussi de croire que cette revanche sanglante avait été suscitée aux chrétiens par leurs imprudences.

Cependant on tremblait, et non sans motifs, pour la grande communauté de Ké-so, qui renferme les principaux établissements de la mission. Sur les instances de Mgr Puginier M. Philastre, après deux refus, se décida enfin à envoyer le 18 janvier, un officier avec quarante-cinq hommes pour protéger cet établissement où se trouvaient alors réunis huit missionnaires français, quarante-cinq prêtres indigènes, le grand séminaire et de nombreux catéchistes ; le lieutenant avait l'ordre absolu de limiter toute défense à la mission, et l'interdiction expresse de porter aucun secours aux chrétiens du village et des villages voisins, s'ils étaient attaqués.

Du reste, cette protection dérisoire ne dura pas. Dès le 31 janvier la petite troupe était rappelée à la demande du second ambassadeur, qui garantissait à M. Philastre la tranquillité du pays.

Mgr Puginier, se voyant abandonné des hommes, se tourna du côté de Dieu. En commun avec ses missionnaires, il fit deux vœux au Sacré-Cœur : le premier, pour obtenir la préservation des établissements communs de son Vicariat ; le second, pour demander la cessation immédiate des massacres et des incendies. On peut dire qu'il fut miraculeusement exaucé. En pleine effervescence, les pillards, les meurtriers s'arrêtèrent, et l'ange exterminateur remit son glaive au fourreau. Tous les établissements de la mission furent intacts et une seule petite chrétienté fut détruite à partir du jour où ce vœu avait été fait.

Le Vicariat du Tonkin occidental était néanmoins bouleversé de fond en comble, mais la rage des ennemis du Christ n'était pas assouvie : ils portèrent leurs efforts sur le Tonkin méridional qu'ils couvrirent de ruines encore plus épouvantables.

.·.

En face de cette inaction, les missionnaires permirent à leurs fidèles de se défendre et Mgr Gauthier adressa aux mandarins cette juste et indiscutable explication de leur conduite [1] :

« Les chrétiens ont pris les armes non pour s'insurger contre le roi, mais uniquement pour défendre leur vie contre leurs ennemis, à la merci desquels ils étaient abandonnés. Des milliers d'entre eux ont été massacrés ; qu'ont fait les mandarins pour empêcher les massacres et sauver les innocents ? Ce sont les mandarins qui, par leur inertie, ont mis les chrétiens dans la

---

1. *Ann. de la Prop. de la Foi*, vol. 47, p. 334.

nécessité de pourvoir eux-mêmes à leur salut. Si vous les protégez d'une manière efficace, ils n'ont que faire de leurs armes ; mais en ce cas, commencez par faire déposer les armes à ceux qui nous ont attaqués les premiers et ont juré notre ruine, sinon vous nous vouez à une mort certaine. Si tel est le but que vous vous proposez, c'est-à-dire l'extermination des chrétiens, à quoi bon les détours ? Faites-nous le savoir officiellement, et nous irons tous, l'évêque et les missionnaires en tête, nous livrer aux bourreaux ; vous savez que même aux jours les plus sombres de la persécution, jamais nous ne nous sommes défendus contre l'autorité légitime. Si tel n'est pas votre dessein, protégez-nous, non par des paroles, mais par des actes ou bien nous nous défendrons nous-mêmes. »

A cette vigoureuse protestation les mandarins ne répondirent que par des faux-fuyants, qui étaient de véritables mensonges. Ils ne tardèrent pas à porter la peine de cette coupable complaisance.

Vers le milieu de mai, des bandes indisciplinées conduites en grande partie par des lettrés levèrent l'étendard de la révolte contre le roi et les autorités légitimes. La province de Nghe-an tomba tout entière en leur pouvoir à l'exception du chef-lieu. Les troupes envoyées par le roi furent battues en plusieurs rencontres, et le chef-lieu fut investi.

A ce moment, la rébellion fut sur le point de s'étendre aux autres provinces ; quelques soulèvements partiels eurent lieu, et si le triomphe des troupes royales eût tardé, la défection probable de plusieurs hauts dignitaires eût facilement entraîné une révolution complète. En ces conjonctures critiques le salut vint des chrétiens, qui montrèrent que leur fidélité n'était pas un simple mot. Ils attaquèrent les rebelles et les défirent en plusieurs combats. A la nouvelle de ces succès, les mandarins appelèrent à leur secours ceux que la veille ils proscrivaient ou laissaient piller. Les catholiques obéirent, ils se réunirent à l'armée régulière, battirent les rebelles et rétablirent la tranquillité.

.˙.

Pendant ce temps, le 15 mars 1874, l'Annam avait signé un nouveau traité avec la France. L'article IX était très explicite sur la liberté religieuse et sur les missionnaires. Il était ainsi conçu :

« Sa Majesté le roi d'Annam, reconnaissant que la religion catholique enseigne aux hommes à faire le bien, révoque et annule toutes les prohibitions portées contre cette religion et accorde à tous ses sujets la permission de l'embrasser et de la pratiquer librement.

» En conséquence, les chrétiens du royaume d'Annam pourront se réunir dans les églises en nombre illimité pour les exercices de leur culte. Ils ne seront plus obligés sous aucun prétexte à des actes contraires à leur religion, ni soumis à des recensements particuliers. Ils seront admis à tous les concours et aux emplois publics sans être tenus pour cela à aucun acte prohibé par la religion.

» Sa Majesté s'engage à faire détruire les registres de dénombrement des chrétiens faits depuis quinze ans, et à les traiter, quant aux recensements et impôts, exactement comme tous les autres sujets. Elle s'engage en outre à renouveler la défense si sagement portée par elle, d'employer dans le langage ou dans les écrits des termes injurieux pour la religion et à faire corriger les articles du *Thap-Dieou*, dans lesquels de semblables termes sont employés

» Les évêques et les missionnaires pourront librement entrer dans le royaume et circuler dans leurs diocèses, avec un passeport du gouverneur de la Cochinchine, visé par le ministre des rites. Ils pourront prêcher en tous lieux la doctrine catholique. Ils ne seront soumis à aucune surveillance particulière, et les villages ne seront plus tenus à déclarer aux mandarins ni leur arrivée, ni leur présence, ni leur départ.

» Les prêtres annamites exerceront librement comme les missionnaires, leur ministère. Si leur conduite est répréhensible et si, aux termes de la loi, la faute par eux commise est passible de la peine du bâton ou du rotin, cette peine sera commuée en une punition équivalente.

» Les évêques, les missionnaires et les prêtres annamites auront le droit d'acheter et de louer des terres et des maisons, de bâtir des églises, hôpitaux, écoles, orphelinats et tous les autres édifices au service de leur culte.

» Les biens enlevés aux chrétiens pour fait de religion, qui se trouvent encore sous séquestre leur seront restitués.

» Toutes les dispositions précédentes sans exception s'appliquent aux missionnaires espagnols aussi bien qu'aux français.

» Un édit royal, publié aussitôt après l'échange des ratifications, proclamera dans toutes les communes la liberté accordée par Sa Majesté aux chrétiens de son royaume. »

On sent, en lisant cet article bien supérieur à l'article correspondant du traité de 1862, que toutes les précautions ont été prises pour prévenir et déjouer la mauvaise volonté des mandarins annamites. C'est que, en traitant au nom des intérêts religieux des chrétiens, le gouvernement avait demandé conseil à qui était capable de lui en donner, en particulier à Mgr Colombert, le Vicaire apostolique de la Cochinchine occidentale. Aussi en pourra-t-on bientôt constater les fruits : à partir de ce traité on n'a plus seulement à enregistrer les conversions de quelques individus isolés ou de quelques familles, mais de villages entiers.

CHAPITRE XXVI

ÉVANGÉLISATION DU LAOS

En 1878 les missionnaires tournèrent leurs regards vers le Laos, dont l'accès semblait défendu par des forêts inextricables et par un climat meurtrier.

Le Laos est une immense région, aux limites mal définies, bornée par la Chine, le Tonkin, la Birmanie et le royaume de Siam. C'est un pays montagneux, sillonné en tous sens par des torrents et des rivières.

Les montagnes en sont peu élevées, mais hérissées de forêts épaisses, dans lesquelles il faut l'instinct et le pied des sauvages pour se frayer un sentier.

Les habitants, sang mêlé, issus d'Indiens, d'Annamites et de Chinois, offrent un type particulier, où se trouvent également de la race jaune et de la race noire.

Clairsemés dans leur vaste pays, les Laotiens sont insouciants, apathiques, paresseux, hospitaliers et doux ; les femmes travaillent, les hommes dorment, causent et fument ; leurs besoins sont si peu nombreux ! un peu de riz pour nourriture, et si le riz manque, du manioc ou quelques pousses de bambous, comme vêtement un lambeau d'étoffe, et si la cotonnade fait défaut, combien peu ils s'en inquiètent ! De religion point, sauf la croyance aux génies et aux esprits malfaisants, qu'ils redoutent beaucoup.

M. Fiot fut le premier missionnaire envoyé dans cette région lointaine.

L'expédition apostolique eut des débuts difficiles. Elle se mit en route le 3 novembre, et arriva à Luc-canh, le 8 décembre après un voyage pénible, mais sans accidents sérieux. Ce hameau est très avancé dans la chaîne des montagnes qui longe le Tonkin, mais il n'est qu'à une journée de chemin du premier village laotien. C'est là que M. Fiot établit son poste. L'endroit d'ailleurs était bien choisi ; situé sur les bords d'un fleuve, les communications avec les peuplades sauvages y étaient faciles ; au point de vue de la salubrité, il laissait moins à désirer que les autres.

.˙.

Les principaux chefs du village virent de mauvais œil arriver les apôtres de la religion ; ils essayèrent même de mettre des entraves à leur établissement en défendant aux habitants de leur vendre des vivres et de leur fournir des ouvriers. Mais le missionnaire, par sa prudence et sa fermeté, sut vaincre les premières difficultés et réussit à faire comprendre aux populations qu'elles n'avaient rien à craindre des nouveaux venus ; ceux qui par méfiance les avaient d'abord évités se rapprochèrent d'eux ; des villages environnants on vint les visiter ; puis les peuplades laotiennes envoyèrent à leur tour des députations auprès de ces personnages extraordinaires pour s'enquérir du but de leur voyage.

Le premier poste de Luc-canh fut cependant réfractaire à la grâce et dut être bientôt abandonné, mais, sur ces entrefaites, un Laotien de Na-ham, étant allé trouver M. Fiot, lui raconta que trois ans auparavant, un devin lui avait dit : « Dans quelque temps viendra s'établir ici un prédicateur de la religion ; il sera d'une taille élevée, sa figure sera blanche et légèrement rose, ses doigts seront longs; il faudra l'écouter et le suivre, parce qu'il vous enseignera de bonnes choses. »

Or, M. Fiot répondait assez bien à ce portrait. Aussi le Laotien lui demanda-t-il à être instruit et le sollicita-t-il de le suivre dans sa tribu.

Le missionnaire y consentit, s'établit à Na-ham et bientôt les sauvages accourent de toutes parts en quête de la parole évangélique.

La mission était fondée. De nouveaux prêtres y furent envoyés, accompagnés par des séminaristes annamites, pieux et vaillants auxiliaires qui avaient désiré ce poste d'honneur. Au Tonkin, on priait avec ferveur pour les Laotiens, et au Laos, on travaillait avec zèle, mais la fièvre des bois avait déjà fait son apparition, frappant les courageux apôtres.

Le premier parmi les Européens, M. Fiot y succomba (1880).

En mourant, il eut la consolation de laisser derrière lui une mission fondée, plusieurs chrétientés établies, trois chapelles édifiées, cinq cents adultes baptisés, trois cents catéchumènes, huit à dix mille demandes de conversions. Il avait déjà fait des travaux précieux sur la langue du pays, composé en laotien un abrégé des principales vérités catholiques, traduit les prières les plus usuelles, recueilli une foule de renseignements utiles à ses successeurs, acquis aux missionnaires une influence très considérable sur les populations du Laos :

« J'ai perdu, écrivait Mgr Puginier, un homme de grand cœur et que je regrette vivement. Lui seul connaissait à fond l'état des choses, lui seul pouvait me donner les renseignements qui doivent me guider dans les mesures à prendre pour le développement de la mission du Laos. »

***

Un autre missionnaire, de grande expérience et de cœur vaillant, M. Perreaux lui succéda; il partit avec trois jeunes prêtres et trente catéchistes et fonda une seconde station malgré les efforts et les attaques des brigands soudoyés par les lettrés du Tonkin.

Bientôt quinze cents néophytes et trois mille cinq cents catéchumènes se trouvèrent groupés autour des prédicateurs de l'Evangile. Mais la mort frappait sans relâche emportant les catéchistes et les prêtres. MM. Perreaux, Tisseau et Thoral, succombèrent pendant l'année 1881. Admirable d'esprit de foi et de sacrifice fut leur trépas. MM. Perreaux et Tisseau brisés par la fièvre, étaient couchés l'un près de l'autre dans une pauvre cabane laotienne, entourés de quelques chrétiens incapables de leur donner aucun soin; quand ils sentirent l'heure suprême approcher, M. Tisseau se leva péniblement soutenu par deux ou trois des assistants, et essaya d'administrer à son supérieur le sacrement des mourants. A peine avait-il commencé les dernières prières qu'il retomba presque inerte entre les bras de ses aides; par un extraordinaire effort de volonté, il se releva, acheva ses saintes fonctions, et, épuisé, s'étendit auprès du moribond : trois jours plus tard, tous les deux étaient morts.

Cinq mois après, M. Thoral se couchait à son tour dans la tombe. N'ayant aucun prêtre près de lui pour l'assister dans le dernier passage, il s'étendit paisiblement sur la planche qui lui servait de lit, passa lentement ses doigts amaigris dans sa barbe grisonnante comme s'il se préparait à une visite solennelle, fit un grand signe de croix, expression de son héroïque résignation et croisant les bras sur sa poitrine, il ferma les yeux pour toujours.

Les missionnaires du Tonkin méridional s'avancèrent également vers le nord-ouest, dans le Tran-ninh. Malheureusement cette région était depuis une dizaine d'années ravagée par des pillards chinois et des bandes de sauvages, et après quelques succès, les ouvriers apostoliques, sans asile, durent revenir en Annam ; mais ils établirent à la frontière des postes avancés, d'où ils espéraient bientôt repartir pour de nouvelles expéditions.

CHAPITRE XXVII

L'EXPÉDITION RIVIÈRE

Cependant la France avait perdu son prestige au Tonkin, la Chine se refusait à reconnaître les droits donnés par le traité conclu à Saïgon en 1874, le roi d'Annam Tu-duc se moquait ouvertement de nous, la position n'était plus tolérable ; pour en sortir et faire respecter le nom français, une manifestation capable d'effrayer la cour de Hué s'imposait et une expédition fut résolue. Mais on rêvait encore de lui donner un caractère pacifique et conciliant, et c'est dans ce sens que le commandant Rivière reçut ses instructions en quittant Saïgon, pour se joindre au corps d'infanterie de marine, placé à Hanoï sous les ordres de M. Berthe de Villers.

Arrivé au Tonkin, Rivière bien qu'assez mauvais pratiquant et nullement clérical, ne voulut pas se priver de l'appui moral de Mgr Puginier auquel il adressa la lettre suivante :

« Hanoï, le 14 avril 1882.

» Monseigneur,

» M. Thomines, enseigne de vaisseau, se rend avec une chaloupe à vapeur, à Phat-diêm, à la rencontre de la canonnière *La Fanfare* et doit s'arrêter à Ké-so pour vous saluer de ma part.

» Mais je tiens, Monseigneur, à vous exprimer moi-même et dès à présent, en attendant que je puisse le faire de vive voix, mes sentiments de filial et profond respect.

» H. Rivière. »

En voyant arriver Rivière avec cinq cents hommes de renfort, l'attitude des grands mandarins de Hanoï était devenue nettement hostile. Le gouverneur de la province ne daigna pas lui rendre sa visite; il s'empressa d'interdire à tous les Français l'entrée de la citadelle qu'il mit aussitôt en état de défense, et appela des provinces du nord, des troupes nombreuses pour lutter contre nos soldats.

Rivière, enfermé avec une poignée d'hommes dans la concession française, se vit bientôt en péril, et, pour assurer la sécurité de ses hommes il fut forcé d'envoyer au gouverneur un ultimatum exigeant la remise provisoire de la citadelle de Hanoï aux Français et le renvoi des troupes nouvellement arrivées. Celui-ci ayant refusé, le 25 avril, après un bombardement de deux heures, qui fit sauter la poudrière, Rivière se lança avec ses troupes à l'assaut de la citadelle et s'en empara après une demi-heure de combat. Le gouverneur s'était suicidé pour ne pas survivre à sa honte. Le soir même, on commença à démanteler la citadelle qui fut remise ensuite aux Annamites, à l'exception de la pagode royale, où nos troupes se casernèrent.

Ainsi en quelques instants, par un de ces coups d'audace, dont les Français sont coutumiers et qui se content comme une légende, la citadelle de Hanoï était de nouveau tombée entre nos mains; mais là n'était pas la plus grande difficulté, il fallait assurer la conquête; or, le gouvernement chinois, sans vouloir être mis directement en cause, soudoyait les Pavillons-Noirs; les mandarins appelaient aux armes, préparaient la défense, ourdissaient la trahison, et Mgr Puginier avertissait le commandant du danger en lui recommandant la prudence.

.•.

Bientôt, Rivière, serré de plus en plus par les Pavillons-Noirs, dut s'emparer de Nam-dinh par un second coup de main aussi hardi et aussi heureux que le premier; il essaya ensuite de dégager ses communications du côté de la mer, il n'y réussit pas complètement ; Hanoï était cerné, les brigands y pénétraient même chaque nuit, pillant les maisons des chrétiens et attaquant la mission dont ils furent plusieurs fois repoussés.

« Dans la nuit du 15 au 16 mai 1883, écrit Mgr Puginier, immédiatement après la prière un cri d'alarme se fait entendre. Les Pavillons-Noirs étaient déjà dans notre enclos. Cette fois ils s'étaient cachés depuis la tombée de la nuit dans la maison commune du village païen.

» En quelques instants, ils avaient fait dans la haie une entaille suffisante pour s'ouvrir un passage, et ils se trouvaient dans notre enclos, pêle-mêle avec le poste qui gardait de ce côté. Heureusement la nuit empêchait de se reconnaître.

» Le moment était critique et solennel.

» Cependant, arrivés à la cour formée par les deux maisons parallèles, les Pavillons-Noirs, n'osèrent se hasarder à y pénétrer sans être sûrs d'être en nombre.

» On venait en effet, de tirer de nos maisons, mais on avait eu soin de tirer en l'air, pour ne pas tuer les nôtres. Ces coups de feu étonnèrent les Pavillons-Noirs et les empêchèrent d'entrer, tandis que les nôtres en profitaient pour pénétrer à la hâte dans les maisons. Les portes furent aussitôt fermées et barricadées solidement. Alors, de part et d'autre, commença un feu nourri. Les assaillants, appartenant aux Pavillons-Noirs, étaient quatre cents environ divisés en trois bandes, ayant chacune sa trompette. Ils étaient soutenus par des troupes irrégulières annamites, restées en dehors, pour empêcher que, de la citadelle on ne vînt à notre secours. Un autre corps de Pavillons-Noirs était placé en embuscade sur la route de la concession, afin d'arrêter les trou-

pes françaises dans le cas où le commandant Rivière aurait voulu nous dégager. C'était un plan d'attaque complet et habilement dirigé.

» Les Pavillons-Noirs armés de bons fusils se chargeant par la culasse, cernaient de plus en plus la maison; ils étaient déjà arrivés aux varandes du rez-de-chaussée; il ne restait plus qu'à enfoncer les portes ou à y mettre le feu, mais les matelots qui armés de leurs fusils à répétition étaient postés avec les missionnaires sur les balcons, tiraient à bout portant. Ils étaient tellement calmes qu'on eût dit qu'ils ne voyaient pas le danger; aussi visaient-ils très bien, et leurs coups portaient juste. L'action a été très animée des deux côtés pendant deux heures. Deux Chinois, dont un chef, furent percés de plusieurs balles et tombèrent morts.

» Le lendemain matin, lorsque le jour fut venu, on trouva leurs cadavres à côté des colonnes de la maison. Plusieurs autres ont été atteints et les alentours de la maison avaient de grandes traînées de sang.

» En sortant de chez nous, ils mirent le feu à la rue des chrétiens et à l'église paroissiale, d'où ils emportèrent une statue dorée de la Sainte Vierge qu'ils pendirent à un arbre dans leur campement, en lui attachant des deux côtés de la tête des oreilles qu'ils avaient coupées à un enfant chrétien. Après le 19 mai, ils fixèrent aux branches d'alentour les képis et les casques des officiers tués dans le combat. »

Le commandant Rivière réclamait en vain à Saïgon des secours suffisants pour rester maître de la position, on ne lui en expédiait pas, et il n'avait à compter que sur ses propres forces. Les pirates harcelaient ses troupes, et s'étaient retranchés non loin de Hanoï. Rivière résolut alors de faire une sortie pour les refouler.

C'était le 19 mai, les Français se mirent en marche au point du jour. Ils étaient cinq cents à peine, mais ils avaient l'espérance et la confiance au cœur; sans coup férir ils enlevèrent un premier retranchement; cependant l'ennemi sort en masse compacte d'un village voisin, et nos troupes rétrogradent. « Alors, écrit

Mgr Puginier, de trois côtés commença à pleuvoir une grêle de balles, que nos soldats durent subir sans se déployer en tirailleurs, car ils suivaient une chaussée ayant moins de trente mètres de large. Le chef de bataillon, de Villers, fut mortellement blessé, et put être emporté, grâce à la voiture que lui offrit généreusement le commandant Rivière. L'action était vive de part et d'autre, mais les troupes ennemies se comptaient par milliers et les Pavillons-Noirs, munis en grand nombre de bons fusils européens, nous débordaient sur trois faces à la fois. Le commandant, se trouvant au point le plus exposé au feu de l'ennemi, fut frappé de plusieurs balles, au moment où il s'occupait à dégager une pièce de campagne en danger d'être prise. Malheureusement il ne put être emporté, car en même temps, plusieurs officiers et soldats qui combattaient à ses côtés furent tués ou blessés. Les principaux chefs et presque un cinquième de l'effectif ayant été mis hors de combat, on dut battre en retraite. Les pertes furent de quatre officiers tombés sur le champ de bataille ou morts à la suite de leurs blessures, trente soldats tués et une cinquantaine plus ou moins grièvement blessés. Un très petit nombre de ces derniers succombèrent. Du nombre des victimes fut le commandant de Villers dont je tiens à vous rapporter la mort chrétienne. Ramené à la concession, il reçut les sacrements en pleine connaissance, et avant de rendre le dernier soupir, il dit au missionnaire qui l'assistait : « Écrivez à ma femme que je meurs en soldat et en chrétien. »

» Tous les morts restèrent sur le champ de bataille, au pouvoir de l'ennemi, qui coupa les têtes pour en faire des trophées. Ces têtes furent salées, suspendues aux arbres, où elles restèrent plusieurs jours, exposées à la vue du public, dans le camp des Pavillons-Noirs.

.·.

L'échec était sérieux, au point de vue moral surtout, et la religion catholique en devait porter la peine. Dès le lendemain,

20 mai, un missionnaire du Tonkin, M. Béchet, fut massacré avec quelques chrétiens. »

Le P. Béchet avait vingt-sept ans ; bien des fois il avait rêvé de mourir, non qu'il fût las de vivre, mais il lui semblait que sa mort serait féconde. Prosterné aux pieds de son crucifix dans sa petite cellule de séminariste, il avait traduit par un chant les hauts et saints élans de sa pensée :

> César, tu veux en vain me traîner dans l'arène,
> Et de mon corps sanglant faire hommage au bourreau,
> Je ne crains pas tes coups, tes menaces, ta haine,
> Mon âme vole à Dieu par delà le tombeau.

Ce jeune missionnaire, arrivé depuis deux ans seulement au Tonkin, était malade, et forcé de s'abstenir de tout travail, il utilisait ses loisirs forcés en visitant ses confrères. Ce jour-là, après sa messe, il se rendait chez l'un d'eux, suivi de ses trois catéchistes et de deux chrétiens de la paroisse. En traversant un village tout païen, il fut arrêté par une bande de soldats, qui, sachant que le grand mandarin militaire de Nam-dinh venait de lancer une circulaire par laquelle il promettait trente barres d'argent (environ 3,000 francs) à qui lui amènerait un Européen, se saisirent du missionnaire pour le livrer à leur chef.

Celui-ci fils d'un des massacreurs de 1874 était un ennemi acharné du christianisme. Après un interrogatoire sommaire, il comdamna le prêtre de Jésus-Christ à être décapité avec tous ceux qui l'accompagnaient.

. . .

Laissons encore Mgr Puginier nous redire les derniers moments du martyr :

« Le P. Béchet, d'abord garrotté au moment de l'arrestation, avait été débarrassé de ses liens et marchait avec assurance. Au bout de quelques minutes, la petite troupe arrive à l'endroit désigné pour l'exécution. C'est un moment solennel : les bourreaux sont là avec leurs sabres ; la dernière heure de la vie est arrivée, et l'éternité s'entr'ouvre. O précieux moments! Dieu seul connaît ce qui s'est passé alors dans le cœur du missionnaire et des autres victimes vouées à la mort. Quels vifs sentiments de foi, de repentir, d'amour, de confiance en Dieu et en Marie ils ont lancés vers le ciel!

» Les soldats voulaient commencer par le Père, mais ses catéchistes se jettent sur lui, pour l'embrasser et le couvrir de leur corps. Le missionnaire demande un moment de répit ; il se recueille, fait une dernière fois le sacrifice de sa vie, et, plein d'espoir, il se jette entre les bras de son Sauveur. Mais il est ministre de Dieu, et à ce titre, il a un suprême devoir à remplir. Il dit aux catéchistes de se prosterner et de s'exciter au repentir. Ceux-ci obéissent aussitôt et récitent ensemble l'acte de contrition à haute voix, à l'étonnement de tous les spectateurs. Pendant ce temps, le prêtre debout, la main levée, leur donne en commun une dernière absolution. Cet acte solennel accompli, les soldats contrairement à leur premier dessein, décapitèrent d'abord les compagnons du Père ; ils ne reçurent chacun qu'un ou deux coups de sabre.

» Vint ensuite le tour du missionnaire. Comme on voulait le lier, il demanda à rester libre, et il s'assit tranquillement présentant sa tête au bourreau. Après quelques coups de sabre, il s'affaissa et l'on continua à le frapper. Le supplice dura longtemps car ce n'est que lorsque le cou fut littéralement haché, que la tête se sépara du tronc.

» Pendant que le mandarin exécutait cet affreux carnage, on se saisit d'un chrétien qui n'était pas de la suite du Père, et qui fut reconnu à son scapulaire. A une première question, s'il était chrétien, il confessa la foi ; on lui demanda alors ce qu'il faisait là ; il répondit qu'il cueillait des fleurs pour les offrir à la Sainte Vierge. Le mandarin ordonna aussitôt de lui couper la tête.

» Un quatrième chrétien, ayant appris qu'un missionnaire venait d'être décapité, ne consultant que son dévouement, partit aussitôt pour se rendre au lieu de l'exécution dont il était éloigné de trois kilomètres. Il voulait avoir des renseignements et prendre le corps du Père pour l'ensevelir. En vain plusieurs personnes avaient essayé de le dissuader ; il s'était mis en route en récitant son chapelet. Arrivé au lieu de l'exécution, il fut arrêté par les soldats du mandarin qui lui dirent : — Es-tu chrétien? veux-tu abjurer ta religion ?

— » J'adore Dieu en trois personnes, répondit-il. C'est ce Dieu qui m'a créé. Je n'oserais pour rien au monde fouler son image aux pieds. Si le mandarin n'a pas pitié de moi et me fait tuer, je suis prêt à souffrir la mort.

» A un second interrogatoire, il fit courageusement la même réponse. Il fut condamné à mort ; on lui proposa une troisième fois l'apostasie ; toujours même refus. Arrivé au lieu de l'exécution, il demanda un moment pour se recueillir et prier, ensuite il se livra au bourreau.

» Les huit têtes furent envoyées à un mandarin supérieur, qui refusa de les recevoir et les fit remettre à une pieuse femme. Celle-ci les reçut avec vénération, déposa la tête du Père à part dans une caisse en l'entourant de fleurs ; celles des autres victimes furent placées ensemble dans deux grands paniers, aussi au milieu des fleurs. Lorsque au bout de cinq jours, il fut permis d'enlever les cadavres, chaque tête fut réunie à son corps et le curé de la paroisse fit aux martyrs du Christ des obsèques solennelles. »

La persécution semblait devoir s'étendre rapide et implacable dans le Tonkin tout entier, un fait d'une grande gravité exceptionnelle l'arrêta. Tu-Duc mourut le 17 juillet après trente-cinq ans d'un règne souvent criminel et toujours malheureux. Les Annamites attendirent les événements : peut-être, d'ailleurs, eux qui copient si volontiers le passé, espéraient-ils voir se renouveler l'évacuation de 1874. Leur calcul fut trompé.

CHAPITRE XXVIII

LES DERNIÈRES EXPÉDITIONS FRANÇAISES. — MASSACRES

A l'annonce de la mort du commandant Rivière, la France tout entière s'émut, les divisions de parti se turent, et une expédition sérieuse et définitive fut résolue ; malheureusement au lieu de la confier à un chef unique, on institua trois autorités : le docteur Harmand, ancien compagnon d'armes de Garnier, qui s'était fait connaitre depuis 1874 par de savants travaux géographiques sur l'Indo-Chine fut chargé avec le titre de commissaire civil, de la direction des affaires politiques, le général Bouët des opérations militaires et l'on donna à l'amiral Courbet le commandement d'une division navale.

M. Harmand eut l'heureuse idée d'aller directement à Hué, et après un bombardement de quelques heures, opéré par les vaisseaux de l'amiral Courbet, les forts qui commandant l'entrée de la rivière conduisant à la capitale furent occupés. Les Annamites n'eurent pas même la pensée de résister et le 23 août 1883 un traité fut signé qui reconnaissait notre protectorat sur l'Annam et le Tonkin.

Pendant ce temps, le général Bouët à Hanoï avait repris l'offensive contre les Pavillons-Noirs, et les avait repoussés dans les massifs montagneux.

De son côté, Mgr Puginier, toujours prêt à rendre tous les services possibles, avait envoyé des hommes de confiance pour rechercher les restes des victimes du 19 mai; il fut assez heureux pour réussir dans cette œuvre patriotique, et il en avertit le commissaire général M. Harmand par la lettre suivante :

« Hanoï, le 11 septembre 1883

» Monsieur le Commissaire général,

» Depuis le malheur du 19 mai, qui coûta la vie au commandant Rivière, à deux autres officiers et à plusieurs soldats ou marins, restés sur le champ de bataille au pouvoir de l'ennemi, j'ai toujours eu à cœur de faire rechercher l'endroit où furent enterrés les têtes et les corps. Pendant plus de trois mois, il n'a pas été possible d'avoir à ce sujet de renseignements certains. Enfin ces jours derniers, les Annamites que j'ai employés à cela, avec promesse d'une bonne récompense, ont pu s'assurer de l'endroit où sont les têtes et de celui où sont les corps.

» Ils se sont rendus eux-mêmes dans les lignes ennemies et ont reconnu les lieux, comme ils l'affirment par la pièce dont j'ai l'honneur de vous envoyer la traduction. D'après eux, il manquerait une tête, et ce serait malheureusement celle du commandant. Le bruit a couru, en effet, qu'elle avait été exposée à part et c'est ce qui explique qu'elle ait été enterrée seule dans un autre endroit.

» Mais une autre personne qui demeure dans un village à l'intérieur des lignes affirme savoir positivement que la tête du commandant placée dans une boîte a été enterrée dans le village de Kien-mai, au milieu de la route devant la porte d'une pagode, afin d'être continuellement foulée aux pieds des passants. Extérieurement, il n'y a aucun signe qui indique l'endroit, mais il sera facile de le reconnaître sous la direction de cet Annamite. »

.⁎.

Lorsque ces tristes dépouilles furent retrouvées et rapportées à Hanoï, Mgr Puginier leur fit de solennelles obsèques.

Cependant le nouveau traité signé à Hué n'avait guère affermi notre situation politique et militaire, les provinces du Nord restaient au pouvoir des Pavillons-Noirs, on signalait des pillages et des massacres dans les environs même de la capitale, et on savait de source certaine que l'ordre d'égorger les chrétiens en masse avait été envoyé dans toutes les provinces.

L'amiral Courbet, devenu seul chef de l'expédition, jugea qu'il fallait frapper un grand coup, et la prise de Son-tay fut décidée.

La résistance fut acharnée, les morts et les blessés nombreux, mais le 17 décembre, Son-tay était à nous.

Ce brillant fait d'armes avait ramené la victoire sous notre drapeau, tout tremblait devant nous, et l'on se promettait la prochaine conclusion des hostilités, lorsque, brusquement, brutalement, en face de l'ennemi, l'amiral Courbet fut arraché au commandement, renvoyé à son bord, et remplacé par le général Millot. Devant cette iniquité, l'étoile de la France pâlit de nouveau, car la personne de l'amiral faisait sur les Chinois autant d'impression que son escadre : le vainqueur de Son-tay était promptement devenu légendaire parmi eux.

.

Pour se venger de défaites qu'il avait essuyées le gouvernement annamite donna l'ordre de massacrer tous les chrétiens, « les amis des Français. »

Les bandes dispersées dans le Thanh-hoa entendirent avec un tressaillement de joie l'appel venu de Hué. Elles avaient ravagé les provinces de Son-tay, Nam-dinh, Hung-hoa, où plus de cent chrétientés étaient ruinées; elles laissèrent leur besogne inachevée pour courir à une autre plus facile[1].

.

Au fond des forêts sauvages du Laos, sept missionnaires ensei-

---

1. *Voir* La Société des Missions-Étrangères pendant la guerre du Tonkin.

gnaient l'Évangile à quelques milliers de chrétiens. Les missionnaires étaient sans armes, on le savait, les sauvages n'étaient point redoutables, on le savait aussi; les Français étaient trop loin pour les protéger: les bandits partirent. En passant, ils massacrèrent le prêtre indigène de Nhan-lo, ses catéchistes, cent soixante chrétiens, et détruisirent la paroisse qu'évangélisait le P. Pinabel; puis ils s'enfoncèrent plus avant dans le pays. Le 3 janvier, le P. Séguret et le P. Antoine étaient tués.

Le P. Séguret était parti pour le Tonkin en 1881; il avait alors vingt-huit ans. Son enfance s'était écoulée à Rodez, pieuse et grave: à douze ans, il faisait pour ses amis un règlement de vie; à dix-huit ans, il passait ses vacances à enseigner le catéchisme aux enfants. Au Séminaire on disait de lui : « L'abbé Séguret est un saint; » et parfois, quand on devisait des pays lointains, un ami se tournait vers lui pour demander: « Eh bien! Séguret, quand allons-nous au martyre? »

Le P. Antoine n'avait que vingt-six ans. Enfant de ce pays des Vosges où la foi la plus robuste s'allie au patriotisme le plus pur et au plus énergique courage, il avait senti de bonne heure son cœur se tourner vers les Missions. Une main sacerdotale avait guidé son enfance et sa jeunesse, et façonné son âme à la vertu.

L'empreinte du maître se lisait sur le front de l'élève: calme sans froideur, aimable sans recherche, simple sans familiarité, pieux sans ostentation, le P. Antoine avait toujours cette pleine et entière possession de soi qui est la marque la meilleure de la vertu et aussi de la sagesse.

Tous les deux étaient dans la paroisse de Ban-kieng, à une journée de marche du P. Pinabel, lorsqu'ils apprirent ses malheurs; ils partirent en toute hâte pour essayer de le secourir ou du moins de le consoler. A mi-route, on leur dit qu'il était trop tard. Que faire? Se cacher dans la montagne ou dans la forêt et laisser passer les rebelles? C'était le salut, mais le salut était-ce le devoir? Qu'allaient devenir les néophytes de la Tribu rouge? Leur foi ne succomberait-elle point dans ce premier combat sanglant? Les missionnaires étaient venus leur enseigner les vérités de la religion; souvent ils leur avaient déclaré qu'il valait mieux mourir que de renier sa foi. Mais les paroles ne valent pas des actes, les raisons des exemples : la conviction naît de la contagion plus que du syllogisme.

Les missionnaires rebroussèrent chemin; le soir même, ils étaient aux mains des brigands. Le jugement fut court et sans appel, et la tête des deux héroïques enfants de la Société des Missions-Étrangères roula sous le fer du bourreau.

Pendant que cette première bande accomplissait ses exploits dans le district inférieur, la seconde n'obtenait pas moins de succès dans le district supérieur. Le 6 janvier, elle arrivait au poste central, où l'approche du danger avait groupé quatre missionnaires : les PP. Gélot, Rival, Manissol et Tamet.

Né à Saint-Michel-Mont-Malchus en Vendée, le P. Gélot avait quitté la France en 1867. D'abord professeur et ensuite supérieur du collège de Phuc-nhac, où se perpétuent avec la discipline introduite par son fondateur des traditions de travail et de piété, le P. Gélot ne semblait point destiné à la pénible mission du Laos. Mgr Puginier a raconté avec une religieuse et toujours émouvante simplicité l'histoire de cette nomination singulière. Dans ce nouveau poste, la vie du missionnaire se passa plus à souffrir qu'à travailler, si la souffrance n'était pas le plus dur, partant le plus méritoire et peut-être le plus efficace des travaux.

Bien des espérances reposaient sur la tête du P. Rival. Il appartenait à ce riche diocèse de Lyon, qui a toujours du sang et de l'or à mettre au service de ses croyances. Intelligence, courage, habileté, Dieu lui avait tout donné, et, serviteur fidèle, il avait fait fructifier les dons divins : il était de la race de ces vieux missionnaires qui menaient de front la science et la vertu, la cause des âmes et celle de la civilisation.

Le P. Manissol, de Saint-Romain d'Urfé, dans la Loire, était sérieux, simple et pieux, avec cette affabilité de bon aloi qui est fille de la charité et sœur de l'humilité.

Le dernier était le P. André Tamet, un orphelin qui, pendant vingt ans, s'en était allé par le monde sans se réchauffer aux caresses d'une mère, sans s'instruire aux enseignements d'un père, sans autre fortune que son métier de teinturier, sa bonne humeur, sa santé toujours chancelante, son grand cœur et sa foi robuste.

Tous étaient partis pour le Laos, jeunes, ardents, pleins d'espoir : la moisson était si belle, il n'y avait plus qu'à se baisser pour en recueillir les abondants épis. L'heure des rudes labeurs semblait passée ; on ne récoltait plus âme par âme, lentement et avec peine, mais par centaines, et avec quelle facilité! Saintes espérances et vaillants apôtres, qu'êtes-vous devenus?

Quelques heures après l'arrivée des brigands, trois missionnaires et quelques centaines de chrétiens dormaient leur sommeil éternel : seul le P. Tamet réussit, avec quatre ou cinq catéchistes à se réfugier dans les montagnes. Il y resta pendant près de trois mois, errant à l'aventure, se reposant aujourd'hui dans une caserne, demain dans le lit d'un torrent desséché, vivant de fruits sauvages et de quelques racines. Toutes les tortures morales, toutes les souffrances physiques, il dut les ressentir cruelles, amères, inexorables. Enfin le 9 avril au milieu de la semaine sainte, une belle semaine pour mourir, il tomba entre les mains des bandits.

.·.

Un seul missionnaire, le P. Pinabel, avait pu échapper au massacre. Mais, hélas! pas plus que ceux qui étaient morts de la mort sanglante, il ne devait revoir ses chrétiens et les aider à relever les ruines amoncelées par la persécution. Épuisé par les fatigues et les privations de tout genre, il devait aller bientôt trouver au sein de Dieu le suprême repos [1].

Ainsi furent anéantis en quelques jours cinq ans de travaux apostoliques. « Pauvre mission du Laos, s'écrie Mgr Puginier en

---

1. *Voir* La Société des Missions-Étrangères pendant la guerre du Tonkin.

terminant le récit de ces désastres, elle avait eu ses martyrs de la fièvre des bois et des tribulations de tout genre, mais il lui manquait les martyrs du sang. Elle en compte maintenant six parmi ses apôtres et quarante-sept parmi les catéchistes ou servants qui ont aidé les missionnaires à y implanter la foi et à former les néophytes. »

Après avoir ruiné la mission du Laos, les égorgeurs se répandirent dans quelques paroisses du Thanh-hoa, confinant à la mission du Tonkin méridional.

Le 2 janvier 1884, le curé de la paroisse de Nhân-lô, dont la maison n'est qu'à quelques minutes de la sous-préfecture, fut arrêté au moment où, prévenu du danger, il essayait de fuir. Les deux chrétiens qui conduisaient sa barque eurent aussitôt la tête coupée; le prêtre, garrotté, fut conduit aux mandarins, qui le firent décapiter et ordonnèrent de jeter son corps au fleuve. Neuf de ses élèves furent massacrés avec lui.

Le même jour, un mandarin et d'autres bandes commandées par des chefs de canton, qui avaient reçu officiellement des ordres, parcouraient le pays, bloquaient toutes les chrétientés de la paroisse au nombre de vingt, massacraient tous les chrétiens qui leur tombaient sous la main, sans pitié pour les vieillards, les femmes et les petits enfants, pillaient les maisons et les brûlaient, quand elles ne risquaient pas de mettre le feu à celles des païens.

Après avoir entièrement ravagé la paroisse de Nhân-lô, et y avoir massacré une centaine de chrétiens, ces mêmes bandes, toujours conduites par les mandarins, allèrent dévaster la paroisse de Ké-ben, une centaine de personnes furent encore décapitées ou brûlées vives au chef-lieu même.

C'est là qu'un vieux clerc minoré de quatre-vingt-neuf ans, nommé Hao, fut brûlé vif dans le poste de garde, avec les jeunes élèves de la maison du curé et nombre de chrétiens.

Les mandarins et les lettrés, s'étant saisis d'eux, les attachèrent aux colonnes en bois, remplirent de paille les espaces vides et mirent le feu à la maison. On entendit longtemps la voix du vieux clerc minoré; ce saint confesseur de la foi, tout en sentant comme saint Laurent son corps brûlé par les flammes, ne cessa jusqu'au dernier moment d'exhorter ses compagnons au repentir de leurs fautes, au pardon de leurs ennemis, à l'acceptation de la mort et à la parfaite conformité à la volonté de Dieu.

A ces pieuses exhortations, la voix des chrétiens répondit en entonnant, en chœur, l'acte de contrition et les prières du chemin de la croix. A travers les hurlements sataniques des bourreaux, on entendait s'élever, du milieu des flammes, la prière fervente des martyrs. C'était un drame sublime et mystérieux, qui commençait sur la terre et allait s'achever dans les cieux. Une à une les voix s'éteignirent, et il ne resta bientôt sur le sol qu'un monceau d'ossements calcinés.

Depuis, ce lugubre ossuaire a été enclos d'un mur et surmonté d'une croix. Tous les fidèles y viennent, le samedi, faire le chemin de la croix et s'exciter, par l'exemple de leurs pères, martyrs, à l'amour des souffrances et la fidélité au service de Dieu.

En vérité, est-il une plus émouvante page dans l'histoire des martyrs?

CHAPITRE XXIX

COMPLICATIONS AVEC LA CHINE. — RÉSISTANCE DES CHRÉTIENS

Pendant que ces désastres frappaient les missions, nos diplomates continuaient de signer des traités et nos soldats de remporter des succès. Bac-ninh était occupé presque sans coup férir; après Bac-ninh, Kep, Thai-nguyen, Hung-hoa; M. Patenôtre remplaçait M. Tricou dans ses fonctions de ministre plénipotentiaire. Le régent annamite Nguyên-van-Tuong acquiesçait à toutes les demandes: indemnité aux missionnaires et aux chrétiens, amnistie pour les mandarins qui avaient servi la France. « Avec toutes ces concessions, vous allez me faire empoisonner par le parti des lettrés, » disait le régent. Quand, le 2 juin, il signa le traité, il se tourna en souriant vers M. Patenôtre: « Voilà, dit-il, une signature que j'ai soignée et qui tiendra. »

Et le moyen de ne pas croire à cet homme qui expliquait avec tant de bonhomie toutes les difficultés de la situation, qui prenait tant de précautions pour tourner les obstacles, renverser les difficultés, aider les Français, assurer aux chrétiens le libre exercice de leur religion! La loyauté française fut vaincue par la fourberie annamite; elle crut à la parole du régent qui tramait des complots, excitait des révoltes, tout en multipliant les promesses, les serments, les sourires et les présents.

Après le traité avec la cour de Hué, il y eut le traité avec la cour de Pékin.

.*.

Lorsque les mandarins du Céleste-Empire ne purent plus nier la présence des troupes régulières chinoises sur les champs de bataille du Tonkin, ils trouvèrent cette admirable machine de guerre, qui ressemblait fort à un fantôme, mais diminuant à mesure qu'on le regarde, et qu'on appela la suzeraineté de la Chine sur l'Annam.

Cependant nos succès calmèrent leur martiale ardeur, et la convention Fournier fut signée le 11 mai 1884.

Tout semblait donc arrangé, lorsque le guet-apens de Bac-lé vint tout remettre en question. On a gardé le souvenir de cette triste journée du 24 juin, qui nous coûta plus de cent hommes tués ou blessés. La guerre recommença; mais cette fois la France s'attaqua directement à la Chine. L'amiral Courbet bombarda Fou-Tcheou, les forts de la rivière Min, anéantit la flotte chinoise, s'empara de Ké-lung et assiégea Tam-sui.

Mais, comme l'avait écrit autrefois Mgr Puginier à Rivière, « avec les Orientaux il faut toujours se défier des retours. » Le 24 mars 1885 le général de Négrier était grièvement blessé près de Lang-son, la ville était abandonnée, et une débâcle sans nom se produisait parmi nos troupes. Un instant, on put croire que tout allait être remis en question. A Paris, l'opinion publique, énervée de toutes ces lenteurs, de ces traités aussitôt violés que conclus, se souleva unanimement contre le ministre Ferry, le *Tonkinois*, comme l'appelaient ses ennemis politiques et le renversa du ministère le 29 mars.

La panique était exagérée d'ailleurs, et la Chine, mieux à même de se rendre compte de la situation, signait, le 4 avril 1885, les préliminaires d'un traité de paix par lequel elle renonçait définitivement à toute suzeraineté sur le Tonkin et retirait enfin ses troupes régulières.

Tranquille de ce côté, il semblait que l'organisation du Tonkin dût être facile. Elle fut confiée au général de Courcy. Il arriva à Hué au milieu de l'année 1885, et deux jours après, il faillit être victime d'un odieux guet-apens dressé par les régents du royaume Tuong et Thuyet.

En vain les missionnaires parfaitement au courant de la situation écrivirent plusieurs lettres au général de Courcy pour l'avertir de se défier des misérables. On refusa de les croire jusqu'au jour où, grâce à une correspondance interceptée, on fut forcé de reconnaître qu'ils avaient raison et que le régent Tuong n'était qu'un traître. Il fut interné à Tahiti et la France lui fit jusqu'à sa mort une pension de 30,000 francs.

.*.

En même temps qu'on préparait à Hué le massacre des Français, ordre avait été envoyé dans toutes les provinces de procéder à l'égorgement général des chrétiens. Alors, commença pour les missions d'Annam un désastre épouvantable qui se chiffra par le massacre de plus de trente-cinq mille chrétiens dont huit prêtres indigènes, soixante catéchistes et deux cent soixante-dix religieuses, sans parler de la destruction de centaines de chrétientés et de presque tous les établissements communs de la mission de Hué.

Pour cette fois l'orage s'arrêta aux portes du Vicariat du Tonkin occidental, qui cette année 1885 enregistra le chiffre magnifique de 2494 conversions.

.*.

L'année 1886 fut moins heureuse, surtout pour la mission du Tonkin méridional dont l'évêque, nouvellement consacré était alors et est encore Mgr Pineau. Quatre de ses missionnaires succombèrent, les uns dans la lutte en défendant leurs chrétiens, les autres emportés par la maladie.

« 264 chrétientés ont été entièrement saccagées et brûlées ainsi que 163 églises. Au nombre des chrétiens massacrés (4,799) vient s'ajouter le nombre de ceux qui sont morts des suites de la guerre, de faim et de misère (1181), de ceux qui ont été pris par les rebelles et dont on ignore le sort (409) et on arrive au chiffre effrayant de 6,369. »

Tel est le tableau navrant tracé par le P. Frichot, provicaire, des désastres subis par cette mission. « Elle a, dit-il, peu de succès à enregistrer cette année ; chaque ligne du compte rendu ne parle que de combats, de ruines et de sang. »

Cependant revenus de leur première stupeur, les fidèles essayèrent de résister. Alors les missionnaires se firent capitaines et les chrétiens soldats. Puisqu'il faut mourir, mieux vaut mourir les armes à la main. D'ailleurs n'est-ce pas leur droit et leur devoir de protéger l'honneur des femmes et la vie des enfants ? Ceux qui les attaquent ne viennent pas par l'ordre d'un gouvernement établi, en vertu d'une loi ou d'un décret ; autrement respectueux de César, les chrétiens se seraient mis à genoux et sans autres armes que la prière et la patience, ils seraient morts comme étaient morts leurs pères, comme savent mourir les fils de l'Eglise catholique.

Au Binh-chinh l'effort des rebelles se porta principalement sur Bueng-phuong où résidaient Mgr Pineau et le P. Tortuyaux. Ils avaient raison à leur point de vue ; car ce poste anéanti, c'en était fait de toutes les chrétientés du Binh-chinh. La première attaque eut lieu le 13 janvier. Les assiégés combattirent en désespérés, si bien qu'au bout de quinze jours, l'ennemi leva le siège de Huong-phuong, pour assouvir sa rage sur les chrétientés voisines sans défense. Le 5 mai l'ennemi revint plus nombreux, mais pour être chassé une seconde fois.

A Hoa-ninh, le P. Thien, après une héroïque résistance, fut obligé de céder ; cette lutte acharnée avait épuisé ses forces et il tomba mort de fatigue et d'émotion en arrivant à la paroisse voisine.

A Troc et à Thung-thung, les chrétiens étaient brûlés vifs

dans leurs maisons incendiées. A Con-nam, voyant que toute résistance était impossible, ils s'étaient enfuis sur les montagnes. « On pria le vénérable P. Kiem de quitter sa paroisse et d'aller aussi se cacher. « A mon âge, la vie n'est rien, dit-il, je ne demande qu'à mourir. »

Et il resta avec un fidèle catéchiste et un servant. « A quelques jours de là, les rebelles envahissent la ville complètement évacuée. Ils entrent dans l'église et voient le digne prêtre, assisté de ses deux servants pieusement agenouillé et priant comme si de rien n'était. Sans respect pour ses cheveux blancs, ils l'entrainent brutalement hors de l'église et le conduisent garrotté à quelque distance de Huong-phuong. C'est là qu'ils le décapitèrent à demi, par excès de cruauté, avec ses deux servants. »

Dans le Ha-tinh, malgré la victoire remportée en octobre 1885 par le P. Aguesse sur les rebelles, ceux-ci n'en continuèrent pas moins à répandre le pillage et l'incendie dans Ha-tinh. Le missionnaire vainement se multiplie, le danger augmente chaque jour. Au mois de décembre le P. Pédemon à la tête de 150 hommes lui porte secours et lui permet ainsi d'attendre l'arrivée des Français. C'est vers Noël que ces renforts attendus arrivent.

« Dieu, dit le P. Frichot, verse de temps en temps une goutte de miel dans la coupe d'amertume ; le jour de Noël chez le P. Aguesse fut bien fêté. MM. les officiers de la garnison firent disposer et orner d'une manière élégante un beau local dans l'intérieur de la citadelle. Nos braves soldats français, divisés en deux chœurs, chantèrent à minuit la belle messe de Dumont, avec un pieux entrain qui remplit des plus douces émotions Annamites et Français. »

Au commencement de 1886, l'apaisement semblait se faire quand on apprit que les chrétiens du Dinh-Cau, formant deux paroisses Qui-hoa et Du-loc, avaient été massacrés dans les derniers jours de décembre. Le P. Belleville parti pour cette région parvint à rallier 200 chrétiens qu'il sauva du massacre, 300 autres s'étaient réfugiés au Binh-chinh. A ce moment, l'établissement d'un poste à Ky-anh fut aussi d'un grand secours. Deux fois en juillet et en septembre, les rebelles renouvelèrent leurs attaques, mais ils furent repoussés.

Cependant le P. Aguesse par son énergique bravoure maintenait l'ennemi en respect. Il leur avait inspiré une telle crainte que sa tête fut mise à prix pour 30 barres d'argent. Vers la fin de mai, la chrétienté de Trai-le fut attaquée à plusieurs reprises, mais en vain. Deux autres villages furent moins heureux dans leur défense, l'un fut mis à sac et l'autre brûlé.

.*.

Dans la province de Nghe-an, l'attaque des rebelles était d'autant plus redoutable qu'elle était dirigée de plus près par le régent Thuyet. Depuis le mois d'août 1885, il se tenait en effet dans ces parages avec le roi fugitif Ham-Nghi. Nghe-an et Tho-ky avaient, depuis l'arrivée des Français, retrouvé un peu de tranquillité, mais les autres postes étaient grandement menacés. En janvier, deux expéditions presque simultanées dans l'ouest du district avaient eu pour but de s'emparer du roi et de son régent; bien que conduites par des Français, elles n'eurent pas le succès qu'on avait espéré; mais par contre, elles augmentèrent la rage des rebelles qui concentrèrent leurs efforts sur le Ngan-sau et le Ngan-pho.

Tho-hoang subissait depuis quinze jours les horreurs d'un siège, quand le P. Arsac arrive le 27 mars avec 300 hommes d'élite et disperse les assiégeants. Les 9 et 11 avril, ils reviennent à la charge mais pour être deux fois repoussés. Cette heureuse intervention arrachait de nombreux chrétiens à une mort certaine. De son côté le P. Klingler, par sa bravoure, son sang-froid, son esprit d'organisation, sauve des milliers de chrétiens. Rude époque que celle-là et si proche de nous !

CHAPITRE XXX

LES MISSIONNAIRES. — LES CATHOLIQUES ANNAMITES ET LES FRANÇAIS

Il nous paraît presque inutile de citer longuement les services rendus par les missionnaires ; nous avons déjà vu la conduite de Mgr Puginier lors des expéditions de Francis Garnier, de Rivière, et de leurs successeurs; les prêtres suivirent l'exemple donné par l'évêque ; beaucoup d'entre eux fournirent des catéchistes pour servir de guides et d'interprètes, plusieurs firent eux-mêmes cet office au péril de leur vie. Le P. Girod a raconté plusieurs de ces faits dans son livre si plein de vie et d'intérêt intitulé : *Dix Ans de Haut Tonkin*. A ces prêtres braves et généreux qui se dévouaient pour la cause française a-t-on toujours rendu pleine justice? Avec une gaité qui n'est pas sans malice le P. Girod a raconté le fait suivant :

« Un matin passant à Phong-vûc bien campé sur mon cheval et lesté préalablement d'une bonne écuelle de riz, par politesse pure, j'entrai saluer le sous-lieutenant qui commandait le poste.

» Des officiers, de passage comme moi à Phong-vûc, et dont je n'avais pas l'honneur d'être connu personnellement voulurent bien sur ma mine, me témoigner leur sympathie, me reprochant aimablement de ne pas être arrivé à temps pour le déjeuner. Ces Messieurs avaient entendu parler de moi comme d'un bon Français.

— Mais par exemple, cher P. Girod, nous n'en pouvons pas dire autant de votre collègue, le P. Bac de Ngô-xâ... ; du reste c'est un Espagnol.

— Pardon, Messieurs, le P. Bac, le fameux P. Bac dont on vous a dit tant de mal, est aussi Français que vous et moi.

— Allons, allons, Père, n'essayez pas de défendre cet homme-là, un complice des pirates, un homme très dangereux.

J'avais de la peine à conserver mon calme ; mais je repris gravement.

— Permettez, Messieurs, le P. Bac, fût-il Espagnol, il ne faudrait encore pas lui jeter la pierre. Mais je vous le répète, il est Français, je vous en donne ma parole d'honneur, et, la preuve, c'est que le P. Bac et le P. Girod ne font qu'un : Girod en français, je suis le P. Bac en annamite... Voilà comment vous écrivez l'histoire !...

Amis lecteurs, voyez d'ici le tableau. La leçon valait bien une bouteille de champagne : le chef de popote la fit apporter :

— Messieurs, à la France ! au Tonkin ! et honni soit qui mal y pense ! »

.*.

Le P. Girod a échappé aux nombreux dangers qui l'ont assailli, même à la mort, quoiqu'un complot ait été ourdi contre lui, il n'en a pas été de même pour tous ; les PP. Satre, Gras, Willer, tombèrent sous les balles des rebelles pour avoir servi la cause française : c'est en servant d'interprète à une de nos colonnes que le P. Pédemon mourut le 7 novembre 1888. Il était alors fixé au village de Dua, non loin du Laos ; l'officier français, commandant d'un poste voisin, vint le prier de l'accompagner dans une expédition contre les Chinois du haut fleuve. Plusieurs fois déjà, le missionnaire avait rendu à nos troupes un service analogue ; il consentit à la demande de l'officier. La colonne composée de 26 hommes était commandée par le capitaine Laffitte. Celui-ci et le P. Pédemon, ayant avec eux un soldat annamite, étaient dans une petite barque qui précédait les autres d'une centaine de mètres. Après avoir pris le repas du soir, ils remontaient tranquillement le fleuve, lorsque, tout à coup, vers 9 ou 10 heures la barque est assaillie par une fusillade très vive. Le capitaine sort immédiatement, presse les soldats des dernières barques d'avancer et commande le feu. Pendant ce temps il appelait le missionnaire, mais pas de réponse. Le soldat annamite continuant à l'appeler aussi, il lui dit :

— Le Père doit être fatigué, laisse-le reposer.

A la fin, trouvant étrange qu'au bruit de la fusillade le P. Pédemon ne se réveillât pas, il rentre lui-même dans la barque et lui prend la main : instinctivement il recule, la barque était inondée de sang ; le Père était étendu sans mouvement, une balle lui avait traversé les deux tempes, il était tombé tenant en main son chapelet.

***

Les prêtres annamites suivirent l'exemple des missionnaires français, tels le P. Khanh dans le Haut Tonkin et surtout le P. Six dans le delta : ce dernier fut, pour ses éminents services, nommé chevalier de la légion d'honneur.

Contentons-nous de raconter l'affaire de Ba-dinh : Les rebelles, partisans du roi Ham-nghi, s'étaient fortifiés en ce lieu, situé dans la province de Thanh-hoa. Comme il ne restait plus aucun chrétien pour avertir les Français de ce qui se tramait à l'intérieur de la province, ils avaient pu en toute tranquillité, fortifier leurs lignes et s'entourer de travaux de défense vraiment formidables ; ces défenses étaient si bien conçues, que presque rien n'en paraissait à l'extérieur, et grâce à la complicité des populations païennes, nos compatriotes ne se doutaient encore de rien. Au mois de septembre, le P. Six avertit l'officier commandant le poste voisin de sa résidence, que nos troupes étaient entourées d'ennemis. Un sergent fut envoyé en reconnaissance avec quelques hommes, il s'avança à deux heures de chemin dans l'intérieur de la province de Thanh-hoa, fut parfaitement accueilli partout, et revint persuadé que le pays était tranquille.

A quelques jours de là, les cinq ou six soldats chrétiens du poste s'aperçurent que leurs camarades païens tenaient des conciliabules à l'écart, et, la nuit s'entretenaient avec des émissaires venus de Thanh-hoa. Craignant de se compromettre inutilement et n'osant avertir leur chef, ils allèrent raconter l'affaire à un prêtre indigène. Celui-ci prit aussitôt des informations, et reconnut que les soldats païens étaient sur le point de livrer le poste à l'ennemi. Il s'empressa d'écrire au commandant pour l'avertir du complot, et le prier de se tenir sur ses gardes. Celui-ci était en train de lire la lettre, quand un coup de feu retentit, c'était le signal de l'arrivée de l'ennemi. Le chef de poste envoya aussitôt les soldats chrétiens aux avant-postes et, grâce à leur vigilance, la surprise préparée échoua. L'enquête qui fut faite le lendemain confirma l'exactitude des renseignements fournis par le prêtre. Un sous-officier annamite avait promis de livrer le poste aux rebelles. Il fut dégradé et condamné à dix ans de travaux forcés. Sans l'avis donné au dernier moment par le prêtre, le poste était enlevé et le lieutenant massacré avec les soldats chrétiens.

Il fallut ensuite enlever les retranchements de Ba-dinh, et ce ne fut pas chose aisée, les Français furent deux fois repoussés et n'emportèrent la position qu'après un siège en règle.

**

Combien de maux auraient été épargnés au Tonkin et combien plus facile et plus rapide eût été la pacification du pays, si les Français avaient eu une confiance plus ferme dans l'élément catholique.

Mgr Puginier a écrit sur la fidélité des chrétiens tonkinois et sur les services qu'ils ont rendus cette page mémorable :

Les chrétiens, soit anciens, soit nouveaux, ont toujours été, et restent toujours les fidèles sujets de leur gouvernement, soumis loyalement au Protectorat français tel qu'il a été établi au Tonkin. De tout temps en leur prêchant la religion, les missionnaires leur ont enseigné qu'en outre des devoirs envers Dieu, ils ont des devoirs à remplir envers leur souverain, auquel ils doivent respect, soumission et affection. On peut affirmer que, malgré les épreuves et les persécutions par lesquelles ils ont passé, les chrétiens sont toujours restés les plus fidèles sujets du roi.

» Il est incontestable que les chrétiens, tout en restant fidèles à leur gouvernement ont toujours été aussi les amis de la France. Les missionnaires en leur prêchant la foi leur parlaient de leur patrie, de cette France qui faisait pour eux tant de sacrifices, qui leur envoyait des prêtres et des aumônes. On ne leur disait que du bien de la France, et par là, on la leur faisait naturellement estimer et aimer.

» Il est certain que tout païen qui se fait chrétien devient, en même temps, un ami de la France. Il ne sera pas traître au gouvernement de son pays; sa nouvelle religion le lui défend; mais il est certain aussi que jamais les Français ne le trouveront dans le camp des révoltés.

» Il suit de là que plus le nombre des chrétiens annamites augmentera, plus la France aura d'amis dans le pays. Le nombre de ses adversaires diminuera dans la même proportion, et les révoltes contre le protectorat ne seront plus à redouter.

» On ne soupçonne pas, dit-il ailleurs, l'influence morale et bienfaisante qu'exercent quelques poignées de chrétiens perdus au milieu des populations païennes. Tout naturellement, et sans même s'en douter, ils remplissent les fonctions de sentinelles avancées. Ils parlent en bonne part de la France, ils détruisent une grande quantité de préjugés que dans ce pays idolâtre de l'Extrême Orient on a contre les nations européennes.

» Par le moyen de ces chrétiens isolés, on connaît énormément des choses utiles, qui permettent de prévenir bien des malheurs.

» On n'a pas assez compris l'importance de ces petites chrétientés éparses, ni la grandeur des services qu'elles ont rendus et qu'elles étaient encore destinées à rendre.

» Il y a cependant une grave question d'intérêt politique pour la France, et parce que son gouvernement et ses représentants n'ont pas toujours su apprécier les bons résultats qu'elles donnaient, on n'a pas su non plus la protéger et on les a laissé anéantir par les lettrés, ces ennemis communs de l'influence française et de la religion.

» Ah! les lettrés et les mandarins hostiles, qui sont, eux de fins et profonds politiques avaient bien compris ce que valaient à l'influence française ces chrétientés faibles, et en apparence insignifiantes.

» Si les Français ont pu venir ici, proclamaient-ils, s'ils ont pu connaître toutes les routes, tous les fleuves, se mettre au courant de tout ce qui se passe dans le royaume, c'est uniquement grâce aux chrétiens, aux évêques et aux prêtres. Par conséquent si nous ne tuons pas tous les chrétiens, nous pourrons difficilement atteindre le but que nous nous proposons, c'est-à-dire chasser les Français.

» C'est pourquoi nous prions tout le monde de se mettre à l'œuvre et d'achever l'extermination des chrétiens, cela fait, nous affirmons que les Français seront condamnés à une immobilité complète, comme les crabes à qui on a cassé toutes les pattes se trouvent dans l'impossibilité de se traîner.

Cependant, il faut bien le dire, singulièrement délicate était la situation des catholiques souvent pris entre l'enclume et le marteau, c'est-à-dire les Français qui leur reprochaient de ne pas leur être assez ou même pas du tout dévoués et les rebelles qui leur faisaient payer très cher, nous l'avons vu, leur sympathie pour « les Barbares d'occident, envahisseurs du pays... »

CHAPITRE XXXI

ÉTAT ACTUEL

Ces jours de luttes et de difficultés sont finis, d'autres sont commencés qui ont montré des obstacles différents; néanmoins l'œuvre de Dieu avance. A Mgr Puginier l'éminent évêque mort le 25 avril 1892, a succédé Mgr Gendreau qui gouverne avec sagesse le Tonkin occidental. Mgr Pineau est toujours à la tête du Tonkin méridional; une autre mission, le Haut Tonkin, créée en 1895 a été placée sous la direction de Mgr Ramond.

La statistique, toujours riche d'enseignements, va nous dire quel est l'état actuel de ces trois vicariats apostoliques, et les chiffres qu'elle nous offrira nous prouveront jusqu'à l'évidence que les missionnaires ont généreusement travaillé pour Dieu et pour le salut des âmes, mais qu'il leur reste encore beaucoup à faire avant de voir toute la partie du Tonkin qui leur est confiée s'agenouiller devant le vrai Dieu.

Population païenne	10,000,000
Catholiques	392,505
Evêques	3
Missionnaires	110
Prêtres indigènes	193
Catéchistes	825

Religieuses européennes	28
Religieuses indigènes.	630
Frères des Écoles chrétiennes.	5
Églises ou chapelles	1,346
Séminaires	6
Élèves	796
Écoles	797
Élèves	15,855
Hôpitaux et léproseries.	8
Pharmacies	38
Baptêmes d'adultes en 1898.	8,310
Baptêmes d'enfants de païens en 1898 . .	45,805

Pour utile que soit la statistique, elle ne permet pas de connaître complètement la situation des Missions. Les dernières nouvelles, que nous avons reçues, nous y aideront, et pour être plus précis, faisons successivement l'exposé de chaque mission en particulier.

Tonkin occidental.

La situation matérielle n'est pas, actuellement, aussi satisfaisante qu'on l'espérait. Les récoltes, en général, ont été très médiocres : plusieurs paroisses, en particulier celles du littoral si terriblement éprouvé par le raz de marée du 15 octobre 1897, ont eu à subir une véritable disette ; et cette situation menace de s'aggraver encore par suite d'une sécheresse intense, qui met en péril les cultures actuellement sur pied.

Ensuite, il faut tenir compte de l'état d'inquiétude par lequel ont passé les populations, dans les derniers mois de 1897. Certaines mesures budgétaires, peut-être un peu trop hâtives, avaient suscité une vive émotion parmi les Annamites. Le parti hostile, exploitant ce mécontentement essaya de discréditer le Protectorat et de pousser les esprits à la révolte.

Le 15 décembre, un coup de main était tenté, à la même heure, contre les villes de Hai-phong, Hai-duong et Thai-binh, mais les pauvres gens qu'avaient fanatisés les promesses et les pseudo-prophéties des meneurs furent facilement dispersés. « Au premier moment, écrit un missionnaire, bien que ces incidents se passassent en dehors de notre Mission, nous nous demandions si ce n'était pas le signal annoncé depuis quelque temps, et si les troubles n'allaient pas s'étendre aux autres provinces; d'autant plus que l'on faisait circuler les bruits les plus étranges, avec menaces de mort contre les Français et les chrétiens. Tout se borna heureusement à cette échauffourée et les dispositions prises par l'autorité ramenèrent bientôt la tranquillité partout. Il n'en est pas moins vrai que toutes ces préoccupations ont ralenti le zèle des catéchumènes à étudier la doctrine, mais les demandes de conversion n'ont pas subi d'arrêt.

Plusieurs faits nous en donneront la preuve.

***

Il y a dix ans, la sous-préfecture de Chuong-mi (province de Hanoï) ne renfermait pas un seul chrétien; aujourd'hui on y compte 14 groupes de baptisés ou de catéchumènes et le mouvement vient de gagner 4 autres villages. M. Le Page qui était allé visiter les nouveaux postulants, écrit dans son rapport :

« Il faut de toute nécessité qu'un prêtre vienne résider dans cette région, si l'on veut que la foi s'y propage et s'y affermisse. Les villages convertis se trouvent à plus de trois heures de la cure-annexe de Dai-on, et cet éloignement les expose sans défense aux vexations des païens. Pendant mon séjour chez eux, plusieurs localités des environs parlaient d'embrasser aussi la religion, mais la crainte de s'attirer la vengeance des notables enrayait ces bonnes dispositions. C'est pourquoi je suis convaincu qu'il est indispensable de créer ici un centre le plus tôt possible. »

Nous avons eu déjà trop d'occasions de constater les avantages procurés par l'érection de nouvelles paroisses ou annexes, conclut Mgr Gendreau, pour ne pas chercher à les multiplier

selon les ressources et le personnel dont nous disposons. C'est même de ce côté que nous avons principalement dirigé nos efforts depuis deux ans.

Outre les deux nouveaux centres de Ké-nua et Luu-xa, un missionnaire en installe un autre à Cong-Khé-thuong, jeune chrétienté qu'il a consacrée à Notre-Dame de Lourdes et où il vient de baptiser les derniers catéchumènes. Ce village est donc aujourd'hui entièrement chrétien; il compte près de 400 âmes.

La même mesure a été appliquée à plusieurs paroisses échelonnées le long des montagnes qui ferment le delta du côté de l'Ouest. Ces paroisses, comprenant en moyenne de 4 à 5,000 chrétiens, étaient très pénibles à desservir à cause de la distance et de la difficulté des communications. Ainsi, celle de Dong-chua s'étendait primitivement à plus de deux journées de marche. En 1869, Mgr Puginier en détacha le groupe de Tuan-du, dont fait partie la chrétienté de Dong-bau où mourut Mgr Retord de grande et vénérée mémoire. Un second démembrement vient d'être fait, et le chef-lieu du nouveau poste a été établi à Lang-rao qui est une des plus ferventes chrétientés. « Je me souviens qu'à Pâques 1874, alors que toute cette région, livrée à la merci des lettrés, était veuve de ses prêtres, massacrés ou en fuite, plus de 200 chrétiens de Lang-rao affrontèrent les dangers et les fatigues d'un long voyage, pour venir se confesser à Ké-so. C'était un spectacle bien impressionnant pour un jeune missionnaire, de voir tant de foi et de courage chez ces hommes, ces femmes, ces enfants, qui faisaient passer ainsi avant tout et par dessus tout, les intérêts de leur âme et de leur salut. »

．·．

Dans la paroisse de Bach-bat, qui a été également sectionnée, se trouve la chrétienté de Ro-vo ou Hoang-mai dont l'église dédiée à la sainte Vierge était jadis un lieu de pèlerinage très renommé. On conserve encore le souvenir de plusieurs faits extraordinaires se rattachant à ce pèlerinage. L'un des plus frappants est la conversion même du village de Bach-bat ; voici quelle est la tradition à ce sujet : Un lettré de ce village convoitait ardemment le diplôme de bachelier. Presque découragé par plusieurs échecs, il s'était cependant mis en route pour prendre part à un nouveau concours, lorsque, passant près de Ro-vo, il entend parler des faveurs accordées par la sainte Dame qu'on y vénérait. Poussé intérieurement par la grâce, il entre dans l'église, s'agenouille, lui païen, devant l'autel, et invoque l'assistance de la sainte Vierge, s'engageant, s'il obtient le diplôme tant désiré à se convertir et à convertir tout son village. Ses vœux furent exaucés ; cette fois, il conquit le grade qu'il ambitionnait. Rentré chez lui, il tint sa promesse, se fit chrétien et réussit à entraîner tous ses compatriotes avec lui.

Pendant les persécutions, l'église de Ro-vo fut démolie ; la religion même sembla disparaître de cette localité. C'est seulement dans ces dernières années que l'on parvint à reconstituer la chrétienté avec quelques nouveaux convertis et les descendants des anciennes familles.

Lorsqu'il s'agit de reconstruire l'église sur son emplacement primitif, les fouilles mirent à jour des débris d'ossements renfermés dans deux petits cercueils en bois. Certains indices donnèrent lieu de conjecturer qu'un de ces deux corps était celui de Mgr Guisain, troisième vicaire apostolique du Tonkin occidental décédé en 1723.

En remontant le Day, on rencontre la paroisse de Lang-van dont la conversion date de près de 200 ans. A cette époque-là plusieurs partis se disputaient le Tonkin et les guerres étaient continuelles. Un habitant de Lang-van enrôlé comme soldat se trouva mêlé à une affaire assez chaude ; au milieu du combat, il aperçoit un soldat ennemi qui se précipite sur son voisin pour le percer de sa lance ; se voyant perdu, celui-ci s'écrie de toute la force de sa voix : « Jésus, Marie ». A ces mots l'assaillant abaisse son arme et se retire sans toucher son adversaire. L'habitant de Lang-van très intrigué questionna son voisin :

— Pourquoi t'a-t-il ainsi épargné? il n'avait qu'à étendre le bras et tu étais un homme mort! Quels sont ces mots magiques qui t'ont préservé?

— Ce sont, répondit l'autre, des mots que, dans notre religion, nous avons l'habitude de prononcer au moment du danger. Cet individu doit être chrétien; en m'entendant faire cette invocation, il a compris que je l'étais, moi aussi : voilà pourquoi il ne m'a pas frappé.

— Une religion, se dit-il, qui inspire à ses sectateurs une pareille fraternité même dans le feu des batailles doit certainement venir du Ciel.

Il demanda, en effet, à son camarade de l'instruire, et, rentré chez lui, il convertit tout son village.

***

Grâce au bon vouloir des autorités, la ville de Thanh-hoa vient d'être dotée d'un hospice indigène, tenu, comme celui de Hanoï, par les Sœurs de Saint-Paul de Chartres.

Cette excellente mesure aidera beaucoup à faire aimer notre sainte religion, dans une province où les chrétiens sont encore faibles et clairsemés. La situation s'est, il est vrai, avantageusement modifiée depuis 1896 ; elle donne le droit de concevoir de grandes espérances au point de vue de la conversion des païens. La fondation du nouvel hôpital augmente encore ces espérances.

Ouvert dans les premiers jours d'avril, cet établissement comptait déjà en juin 270 entrées et 30 baptêmes administrés à l'article de la mort. Le dévouement des religieuses a gagné toutes les sympathies de la population, c'est une prédication vivante qui ne peut manquer de porter d'heureux fruits.

Tonkin méridional.

Le vicariat du Tonkin méridional a, pendant ces derniers mois, grandement souffert de la famine, principalement la province du Binh-chinh. Dans le Ha-tinh et dans le Nghe-an les missionnaires ont eu à subir des épreuves d'un autre genre ; partout où ils ont eu des néophytes, ils ont été victimes de tracasseries nouvelles.

Les païens en effet savent admirablement se modeler sur le personnage qui a la force en main. Si celui-ci est intègre, intelligent et probe, alors ils gardent une prudente réserve et voient vite que ce n'est pas le temps de calomnier. Les chrétiens vivent tranquilles parce que la justice est rendue également pour tout le monde. Les infidèles, qui désirent entrer dans le giron de l'Église, le peuvent sans difficulté. Le missionnaire continue pacifiquement et sans bruit son œuvre d'évangélisation ; il compte pour rien ses peines, parce qu'il a le bonheur d'introduire de nouvelles brebis dans le bercail du divin Maître.

Si les païens, au contraire, s'aperçoivent que celui qui passe à leurs yeux pour être tout-puissant, est hostile aux catholiques, qu'il a des allures de sectaire, qu'il met Bouddha avant le vrai Dieu, alors la persécution bat son plein, les calomnies pleuvent à flots sur les catholiques, là surtout où il y a des mouvements de conversion. Peuple et fonctionnaire, depuis le gouverneur de la province jusqu'au dernier des maires de village, tous semblent faire acte de patriotisme et de dévouement, en entassant contre les chrétiens les imputations les plus absurdes.

Depuis deux ans dans les provinces du Nghe-an et du Ha-tinh, il n'existe peut-être pas un seul groupe qui n'ait été l'objet d'accusations calomnieuses, presque aussitôt après sa demande de conversion. Et pourtant, jusque-là ces hommes avaient vécu en bonne intelligence avec tout leur village. Quand une accusation ne suffit pas pour atteindre leur but, les païens en portent une seconde, une troisième, et ainsi de suite jusqu'à ce qu'ils obtiennent la condamnation ou la défection de ceux qu'ils traitent désormais comme leurs plus implacables ennemis.

Haut-Tonkin.

Plus heureux que le Vicaire apostolique du Tonkin méridional, Mgr Ramond a la satisfaction de pouvoir nous assurer que l'année qui vient de s'achever s'est écoulée paisible et tranquille pour la mission du Haut-Tonkin.

« Nos œuvres, dit-il, se sont développées, trop lentement au gré de nos désirs, mais sans secousse ni arrêt. Des cinq églises qui s'élevaient dans des centres européens, quatre sont déjà livrées au culte, et, avant Noël, nous inaugurerons, je l'espère, notre modeste cathédrale.

» L'administration de toutes les chrétientés s'est faite régulièrement : il ne nous reste plus qu'à hâter par nos prières et par notre zèle l'évangélisation des nombreuses populations qui nous entourent. Dans ce but, j'ai placé cinq missionnaires dans les contrées les plus populeuses, avec mission spéciale de s'occuper plus particulièrement de la conversion des païens.

» La Mission du Haut-Tonkin est en ce moment l'objet d'études pour le progrès de la civilisation. On parle beaucoup de relier le Yunnan à Hanoï par une ligne de chemin de fer; les ingénieurs parcourent les montagnes et tracent des plans. A quelle époque l'exécution? Quels seront les nouveaux centres fondés pour le commerce ? c'est le secret de l'avenir.

» Prions Dieu de nous ouvrir en même temps le chemin des âmes. »

Les missionnaires ne donnent pas seulement leurs soins aux Tonkinois, ils ont près d'eux à Hanoï, à Vinh, à Son-tay, à Laokay, à Nam-dinh et en bien d'autres villes des colons et des soldats français dont l'âme a besoin d'être instruite, encouragée, purifiée; ils n'ont garde de l'oublier; et c'est une joie pour tout cœur chrétien de voir les relations de sympathie et de respect qui là-bas existent entre le prêtre et toutes les classes de la population européenne; sans doute il y a quelques exceptions, ce serait trop beau qu'il n'y en eût pas, mais ces exceptions sont rares et, souvent elles ne durent pas longtemps. En voyant le dévoûment de l'apôtre toujours en éveil, son patriotisme éclairé, ses idées larges et indépendantes de tout esprit de parti, le Français des colonies rejette vite comme dangereusement faux et absurdes certains préjugés que beaucoup de ses compatriotes demeurés sur le sol natal ont malheureusement gardés, il comprend, pour ne jamais l'oublier, que l'œuvre d'évangélisation catholique est réellement une œuvre nationale et si, pendant sa vie plus ou moins agitée, il néglige parfois les pratiques religieuses, il retrouve au moment suprême la foi vivace de son enfance, il jette dans le cœur indulgent du prêtre l'aveu de ses faiblesses, il demande que ses restes reposent près de la croix qui, là-bas au petit village de France, ombragea toujours la tombe des siens.

Telle est dans ses grandes lignes et dans quelques-uns de ses détails l'œuvre faite depuis 240 ans par les missionnaires français au Tonkin; commencée au siècle de Louis XIV et sous la dynastie de Lê, elle s'est continuée pendant la double tourmente révolutionnaire qui en Europe fit monter Bonaparte sur le trône de saint Louis et en Annam remplaça la famille des Lê par celle des Nguyên, pendant les longues et redoutables persécutions du XIXe siècle et pendant la série de nos expéditions plus ou moins habiles, mais aujourd'hui enfin terminées par la conquête.

Saints Martyrs du Tonkin, éclairez et guidez la France sur ces lointains rivages, conservez-la digne de son passé, digne de son vieux nom de bravoure et d'honneur, digne des grâces dont la Providence l'a comblée; que son épée protège les apôtres, vos successeurs et vos prêtres, que son drapeau abrite la Croix du Christ conquérante et suzeraine de l'Indo-Chine entière.

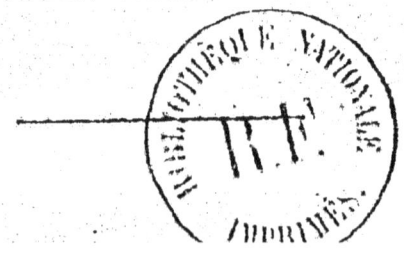

TABLE DES MATIÈRES

Introduction... 1
Chapitre premier. — Les premières années de l'Evangélisation.. 3
— II. — La Société des Missions-Etrangères au Tonkin.. 10
— III. — Le premier séminaire du Tonkin — Mgr de la Motte-Lambert. — Les prêtres indigènes...... 13
— IV. — Les Amantes de la Croix.... 23
— V. — Relations de la France avec le Tonkin.... 28
— VI. — Progrès de la foi. — Nouvelles persécutions... 33
— VII. — Mgr Néez. — Ses lettres au roi et à la reine de France. — Tentatives d'Evangélisation au Laos.. 40
— VIII. — Troubles civils et religieux........ 47
— IX. — Gia-Long et Minh-Mang. — Le début des grandes persécutions................ 56
— X. — Martyre de M. Cornay et de Xavier Can..... 64
— XI. — Le boucher des Chrétiens. — Courage des soldats convertis................ 72
— XII. — Martyre d'un évêque français........ 77
— XIII. — La politique de Minh-Mang. — Sa mort. Son successeur Thieu-Tri............ 80
— XIV. — Arrestation de missionnaires. — Leur délivrance par les Français............. 86

TABLE DES MATIÈRES

Chapitre XV. — Monseigneur Retord. 99
— XVI. — Avènement de Tu-Duc. — Ses édits de persécution. — Martyre de MM. Schœffler et Bonnard. 107
— XVII. — Nouvelles persécutions. — M. de Montigny . . 119
— XVIII. — La France en Annam 125
— XIX. — Martyre de M. Néron 129
— XX. — Mort de M. Théophane Vénard 133
— XXI. — Les premières années de paix. 139
— XXII. — Débuts de Monseigneur Puginier. 144
— XXIII. — Monseigneur Puginier et les premières expéditions françaises au Tonkin. 151
— XXIV. — L'expédition Francis Garnier. 159
— XXV. — M. Philastre et les désastres 172
— XXVI. — Evangélisation du Laos 178
— XXVII. — L'expédition Rivière. 182
— XXVIII. — Les dernières expéditions françaises. — Massacres 192
— XXIX. — Complications avec la Chine. — Résistance des chrétiens. 200
— XXX. — Les missionnaires. — Les catholiques annamites et les Français 208
— XXXI. — Etat actuel 214

TABLE DES GRAVURES

Mandarin tonkinois et son cortège.................... 17
Les bords du fleuve Rouge........................... 49
Interrogatoire et supplice d'un chrétien............. 81
Tombeaux des martyrs............................... 113
Catéchiste tonkinois et sauvages du Laos............ 145
Ville de Hanoï..................................... 153
Soldats tonkinois.................................. 169
Un poste français sur les bords du fleuve Rouge..... 185
Paysage tonkinois.................................. 201
Eglise et presbytère au Tonkin..................... 217

www.ingramcontent.com/pod-product-compliance
Lightning Source LLC
Chambersburg PA
CBHW051904160426
43198CB00012B/1744